DEN VIKTIGSTE SØTPOTETBOKKEN

100 deilige oppskrifter for å nyte den næringsrike og allsidige søtpoteten

Lea Jakobsen

Copyright materiale ©2023

Alle rettigheter reservert

Ingen del av denne boken kan brukes eller overføres i noen form eller på noen måte uten riktig skriftlig samtykke fra utgiveren og opphavsrettseieren, bortsett fra korte sitater brukt i en anmeldelse. Denne boken bør ikke betraktes som en erstatning for medisinsk, juridisk eller annen profesjonell rådgivning.

INNHOLDSFORTEGNELSE

INNHOLDSFORTEGNELSE 3
INTRODUKSJON 7
FROKOST 8
   1. Krydret sørvestlig frokostskål 9
   2. Sjokoladevaffel sundae 11
   3. Frokostgryte 14
     4. Søtpotet hash eggepanne 16
   5. Egg i reir 18
   6. Grillhash 20
   7. Sweet Potet Pecan Bourbon vafler 22
   8. Vaflet søtpotetgnocchi 25
   9. Søtpotettoaster 28
   10. Frokost søtpotet med Hibiscus Tea Yoghurt 30
   11. Pølse-søtpotethasj og egg 33
   12. Søtpotet og eggepanne 35
   1. 3. Stekt søtpotet hashbrowns 37
   14. Geitost, søtpotet og krutongomelett 39

FORRETTER 42
   15. Søtpoteter og epler i rom 43
   16. Fylte søtpoteter 45
   17. Fylt søtpotet på ruccola 47
   18. Chiles Anchos Rellenos 49
   19. Søtpotet og gulrot Tinga Tacos 52
   20. STEKT ROOTS PIZZA 54
   21. Søtpotet latkes 57
   22. Daigaku imo 59
   23. Quinoa muffins biter 61
   24. Gurkemeie søtpotetkaker 63
   25. Søtpotet nachos 66

26. Søtpotet Marshmallow biter 68
27. Ceviche Peruano 70
28. Ingefærede søtpotetfritter 72

BURGERE, WRAPS OG SMØRRØD 74

29. Quinoa og søtpotetburger 75
30. Linserisburgere 78
31. Krydret søtpotet og svarte bønne-taquitos 80

HOVEDRETT 83

32. Krydret kyllingkvarter med søtpoteter 84
33. Hvitløk florentinske søtpoteter 87
34. Risotto med grønne bønner og søtpoteter 89
35. Bakt laks og søtpoteter 91
36. Laks Teriyaki med grønnsaker 94
37. Laks med søtpoteter og bønner 97
38. Matcha dampet torsk 99
39. Søtpotet Marshmallow gryte 101
40. Kaldstekt and med grønnsaker 103
41. Buffalo Tempeh Harvest Bowls 105

SUPPER OG KARRI 108

42. Crockpot kyllingsuppe 109
43. Thai kokos-karri flyndre 111
44. Crockpot Gulrot ingefærsuppe 113
45. Bouillonsuppe 115
46. Karriedlinser med søtpoteter og kikerter 118
47. Meksikansk biff og søtpotetbuljongsuppe 120
48. Søtpotet og Tequila suppe 123
49. Rød bønnegryte fra Jamaica 125
50. Kyllingsuppe 127
51. Mais suppe 130

52. Lakse grønnsaksuppe 133
53. Kvernet bison- og grønnsaksstuing 135
54. Kokosbiff karri 137
55. Søtpotet og gresskarsuppe 139
56. Thai søtpotet karri 142
57. Thai Curry Hot Pot 144
58. Krydret søtpotet grønnkål Cannellini-suppe 147
59. Søtpotet kyllinggryte 150
60. Søtpotet linsestuing 152
61. Callaloo suppe 154
62. Kikertsøtpotetstuing 157
63. Kokos karri linser 159

PASTA 161

64. Kastanje og søtpotet Gnocchi 162
65. Bucatini med pesto og søtpoteter 166
66. Kastanje og søtpotet Gnocchi 169

SIDER 173

67. Lime og tequila søtpoteter 174
68. Søtpotetbaconmos 176
69. Stekte søtpoteter med parmesan 178
70. Søtpoteter med tamarind 180
71. Høstgrønnsaker på grillen 182
72. Chimichurri grillede grønnsaker 184
73. Stekt-hvitløk søtpoteter 186
74. Sous Vide Maple Glaserte søtpoteter 188
75. Bacon og søtpoteter 190
76. Gouda blandet potetmos 192
77. Tofarget bakte søtpoteter 194
78. Chili søtpotet grateng 196

SALATER 198

79. Ruccola og søtpotetsalat 199
80. Høsthøstsalat 201
81. Søtpotet Og Brokkoli Med Granatepledressing 203
82. Collard grønn salat med søtpoteter 205
83. Søtpotetsalat med mandler 207
84. Quinoa mango salat med potetmos 209
85. Grillet trepotetsalat 211
86. Stekt søtpotet og prosciutto salat 213
87. Stekt grønnsak og Polenta salat 215
88. Stekt søtpotet og ferske fiken 218
89. Cæsarsalat med BBQ søtpotetkrutonger 220
90. Søtpotet og avokado grønn salat 223

DESSERT 225

91. Kyllingpai med søtpoteter 226
92. Kokos søtpotetpudding 228
93. Søtpotetpai bagatell 230
94. Søtpotetpai Tiramisu 232
95. Kirsebær-søtpotetbrød 235
96. Tranebær søtpotetmuffins 237
97. Revet søtpotetpudding 239

DRIKKER 241

98. Eplepaijuice 242
99. Søtpotetpai-proteinshake 244
100. Søtpotetshake 246

KONKLUSJON 248

INTRODUKSJON

Søtpoteter er en allsidig og næringsrik rotgrønnsak som kan brukes i en rekke retter, fra søtt til salt. Denne kokeboken feirer søtpoteten med 100 deilige oppskrifter som vil glede smaksløkene dine og gi næring til kroppen din.

Enten du foretrekker søte eller salte retter, har denne kokeboken noe for enhver smak. Fra søtpotetpannekaker og muffins til supper, gryteretter og karriretter, denne kokeboken vil inspirere deg til å utforske de mange måtene du kan inkludere søtpotet i måltidene dine.

Hver oppskrift er akkompagnert av et fargerikt bilde som vil få vann i munnen og inspirere deg til å prøve ut nye retter. Oppskriftene er enkle å følge, med trinnvise instruksjoner som vil guide deg gjennom tilberedningsprosessen.

I tillegg til å være deilig, er søtpoteter også fullpakket med næringsstoffer. De er en utmerket kilde til fiber, vitaminer og mineraler, inkludert vitamin A, vitamin C og kalium. Med denne kokeboken kan du nyte de helsemessige fordelene til søtpoteter mens du nyter deilige måltider.

FROKOST

1. Krydret sørvestlig frokostskål

Gjør: 2

INGREDIENSER
- 2 søtpoteter, skrelt og i terninger
- Ekstra virgin olivenolje, til drypp
- Klyp Salt og pepper
- 1 ts chilipulver
- 2 strimler kyllingbacon
- ½ middels gul løk, i terninger
- ½ grønn paprika, i terninger
- ½ rød paprika, i terninger
- 1 jalapeño, frøet og i terninger
- 2-3 kopper fersk spinat
- 2 egg
- 1 ts ghee
- 1 avokado, uthulet og i terninger

BRUKSANVISNING:
a) Forvarm ovnen til 375 grader F.
b) Legg søtpotetene på et bakepapir og bland med en klatt olivenolje.
c) Smak til med salt, pepper og chilipulver.
d) Stek i 20 minutter, snu en gang.
e) Stek kyllingbaconet i en panne; sette til side.
f) Tilsett paprika, løk og jalapeño i pannen; fres i 6 minutter.
g) Ha i spinaten og kok godt.
h) I en annen panne smelter du gheen.
i) Kok eggene, krydre med salt og pepper.
j) Server søtpotetene og topp med grønnsaksblandingen, etterfulgt av egget, smuldret kyllingbacon og avokado.

2. Sjokoladevaffel sundae

Gir 4 SERVERINGER

INGREDIENSER
- 1 kopp kokte søtpoteter (ca. 1 stor søtpotet)
- 1½ kopper allsidig mel
- 2 ss brunt sukker
- 1 ½ ts bakepulver
- ½ ts kosher salt
- ¼ teskje natron
- 1 kopp kjernemelk
- 2 store egg
- ½ kopp pekannøtter
- 2 ss usaltet smør, smeltet
- 1 ss lys brunt sukker
- Bourbon sirup:
- 1 kopp ren lønnesirup
- 2 ss usaltet smør 2 ss Bourbon

Veibeskrivelse

a) I en middels bolle kombinerer du mel, sukker, kakaopulver, bakepulver og salt. I en liten kjele på middels varme smelt smør og sjokolade sammen og sett til side til avkjøling litt.
b) Visp inn smeltet smør og sjokolade i melet, pluss melk, vaniljeekstrakt og eggeplommer.
c) I en ren, middels bolle visp eggehvitene kraftig til de når myke topper. Øs ut 1/3 av de piskede eggehvitene og vend den forsiktig inn i vaffelrøren, pass på at eggehvitene ikke tømmes.
d) Fortsett med den resterende hvite 1/3 av gangen.
e) Slå på vaffeljernet og forvarm til flammeikonet slutter å blinke. Pensle deretter med smeltet smør eller spray med bakespray.
f) Hell i ca ½ kopp røre i midten av vaffeljernet og lukk toppen.

g) Snu vaffeljernet 180° etter at du har lukket toppen og stek i ca. 2 minutter.
h) Etter ca to minutter skal du ha en fin gylden farge. Hvis du vil ha det gjort litt mer, lukk toppen og trykk på "litt mer"-knappen.
i) Ha over på en bakeplate med kant med en rist på toppen.
j) Ha vaflene i en 250° ovn for å holde seg varme.
k) Gjenta med resten av røren. Til servering: Legg 2-3 kuler iskrem på toppen av en vaffel og topp med sjokoladesaus, karamellsaus og pisket krem.

3. Frokostgryte

Merker: 2

INGREDIENSER:
- 1 stor eller 2 små søtpoteter skrelt og kuttet i terninger
- 1/2 kopp grønn pepper i terninger
- 1/2 kopp løk i terninger
- 1/2 kopp sopp i terninger
- 1 roma tomat i terninger
- 2 ss revet cheddarost
- 2 egg
- 2 ts kokosolje
- 2 ts spisskummen
- Nykvernet sort pepper etter smak

Veibeskrivelse

a) Drypp olje over søtpotetterninger på en bakeplate, krydre med spisskummen og sort pepper og bland godt.

b) Stek i 30 minutter, til de er brune og sprø.

c) Når potetene er omtrent halvveis gjennom stekingen, varm olivenolje i en stekepanne over middels høy varme.

d) Fres grønn pepper, løk og sopp.

e) Når potetene er ferdige, bland godt med grønnsakene.

f) Fjern fra varmen, tilsett tomat og sett til side. Dryss over ost.

4. Søtpotet hash eggepanne

Porsjoner: 1

Ingredienser
- 1 pund søtpoteter i terninger
- 1/4 gul løk, i terninger
- 1 stort hvitløksfedd, finhakket
- 1 ss ekstra virgin olivenolje
- 1/2 ts malt koriander
- 1/4 ts salt
- 2 store egg
- 1 ts røkt paprika

Toppings
- Brokkoli mikrogrønt
- Ristet Pepitas
- røde pepper flak

Veibeskrivelse

a) Varm opp en 8" eller 10" panne i en middels lav stekepanne.

b) Tilsett løk og hvitløk skal tilsettes etter olivenolje.

c) Stek i 4–5 minutter, eller til løken er gjennomsiktig og velduftende.

d) Tilsett søtpotetene og la det småkoke, snu regelmessig, i 12 til 15 minutter, eller til de er gyldne og myke.

e) La det småkoke i ytterligere ett minutt etter tilsetning av krydder og salt.

f) Lag to brønner i søtpotetene. Tilsett eggene og kok til eggehvitene er stivnet og plommene har nådd ønsket konsistens, ca. 10 til 12 minutter.

g) Pynt eggepannen med mikrogrønt, ristede pepitas og røde pepperflak før servering.

5. Egg i reir

Gir: 6 porsjoner

INGREDIENSER:
- 1 pund søtpoteter, skrelt
- 2 ss olivenolje
- 1/4 ts salt, delt
- 1/4 ts sort pepper, delt
- 12 store egg

BRUKSANVISNING:
a) Forvarm ovnen til 400 grader Fahrenheit.
b) Bruk matlagingsspray og belegg et 12-kopps muffinsbrett.
c) Bruk et rivjern, riv poteter og sett til side. I en stor panne, varm olivenolje over middels høy varme. 1/8 ts salt, 1/8 ts pepper, søtpotet i terninger
d) Kok potetene til de er myke, ca 5-6 minutter. Fjern fra varmen og sett til side til den er kjølig nok til å håndtere.
e) I hver muffinskopp trykker du 1/4 kopp kokte poteter. Trykk godt i bunnen og sidene av muffinskoppen.
f) Dekk potetene med kokespray og stek i 5-10 minutter, eller til sidene er forsiktig brune.
g) I hvert søtpotetrede knekker du et egg og smaker til med den resterende 1/8 ts salt og 1/8 ts pepper.
h) Stek i 15-18 minutter, eller til eggehviter og eggeplommer er kokt til ønsket ferdighet.
i) Sett til side i 5 minutter til avkjøling før du tar den ut av pannen. Server og ha det gøy!

6. **Grillhash**

Ingrediens

- 3 søtpoteter, skrelt og hakket
- 1 (8-unse) pakke tempeh, hakket
- 1 løk, finhakket
- 1 rød paprika, finhakket
- 1 ss butikkkjøpt grillsaus
- 1 ts Cajun-krydder
- ¼ kopp hakket fersk persille
- 4 egg Varm peppersaus (valgfritt)

Veibeskrivelse

a) Varm 3 ss av oljen i en stor nonstick-gryte over middels høy varme. Tilsett søtpoteter og tempeh og kok, rør av og til, i 5 minutter, eller til blandingen begynner å bli brun. Reduser varmen til middels.

b) Tilsett løk og paprika og stek i 12 minutter lenger, rør oftere på slutten av steketiden, til tempeen er brunet og potetene er møre.

c) Tilsett grillsausen, Cajun-krydderet og persille. Bland for å kombinere, og del deretter mellom 4 serveringsfat.

d) Tørk av pannen med et papirhåndkle. Reduser varmen til middels lav og tilsett de resterende 1 ss olje. Knekk eggene i gryten og stek til ønsket ferdighet.

e) Skyv et egg på toppen av hver del av hashen og server med en gang. Gi varm peppersaus, om ønskelig, ved bordet.

7. Sweet Potet Pecan Bourbon vafler

Gir 4 SERVERINGER

INGREDIENSER

- 2 ½ -3 LBS svinekjøtt skulder for han gni
- 2 ts chilipulver
- 2 ts spisskummen pulver
- 2 ts kosher salt
- 1 ts paprika
- 1 ts sort pepper
- ½ ts hvitløkspulver
- ½ ts løkpulver
- ½ TES Cayennepepper

FOR BARBECUE-SAUSEN:

- 1 stor løk, hakket
- 3 fedd hvitløk, finhakket
- 1 ½ kopp ketchup
- ½ kopp brunt sukker
- 2 ss eplecideddik
- 4 ts worcestershiresaus
- 1 ts kajennepepper
- 1 ts kosher salt
- 1 ss bourbon

Fo han vafler

- 1 ½ kopper allsidig mel
- ¾ kopper gult maismel
- 1 ss rørsukker
- 2 ts bakepulver
- 1 ts natron
- ½ ts kosher salt
- 1½ kopper kjernemelk
- 2 store egg
- 2 ss usaltet smør, smeltet
- ¼ kopp honning

RETNINGSLINJER

a) Mos søtpoteten med baksiden av en gaffel i en middels bolle og bland deretter mel, brunt sukker, bakepulver, salt og natron. Visp inn kjernemelk, egg og smeltet smør.

b) Rør inn det smeltede smøret til det ikke er tørre flekker igjen. Slå på vaffeljernet og forvarm til flammeikonet slutter å blinke. Pensle deretter med smeltet smør eller spray med bakespray.

c) Hell i ca ½ kopp røre i midten av vaffeljernet og lukk toppen. Snu vaffeljernet 180° etter at du har lukket toppen og stek i ca. 2 minutter. Etter ca to minutter skal du ha en fin gylden farge. Hvis du vil ha det gjort litt mer, lukk toppen og trykk på "litt mer"-knappen.

d) Ha over på en bakeplate med kant med en rist på toppen. Ha vaflene i en 250° ovn for å holde seg varme.

e) Gjenta med resten av røren. Mens vaflene koker, kombinerer du sirup, smør, bourbon og brunt sukker i en middels gryte på middels varme og koker opp. Kok i ca 2 minutter.

f) Server vaflene med den varme sirupen på toppen.

g) Rester av vafler kan fryses i opptil 3 måneder. Hell ekstra sirup i en flaske og oppbevar kjøleskapet i opptil 1 måned.

h) Varm før servering.

8. Vaflet søtpotetgnocchi

Gjør: Serverer 4 (gjør ca 60 gnocchi)

INGREDIENSER
- 1 stor bakepotet (som russet) og 1 stor søtpotet (omtrent 1½ pund totalt)
- 1¼ kopper universalmel, pluss mer for flouring av arbeidsflaten
- ½ kopp revet parmesanost
- 1 ts salt
- ½ ts nykvernet sort pepper
- Dash av revet muskatnøtt (valgfritt)
- 1 stort egg, pisket
- Nonstick matlagingsspray eller smeltet smør
- Pesto eller vaffelsalvie og smørsaus

BRUKSANVISNING:
a) Forvarm ovnen til 350°F.
b) Stek potetene til de er lett gjennomhullede med en gaffel, omtrent en time. La potetene avkjøles litt, og skrell dem deretter.
c) Før potetene gjennom en matmølle eller en riser eller riv dem over de store hullene på et rivjern og over i en stor bolle.
d) Tilsett 1¼ kopper mel til potetene og bruk hendene til å blande dem sammen, del opp eventuelle potetklumper underveis. Dryss ost, salt, pepper og muskat over deigen og elt lett for å fordele den jevnt.
e) Når melet og potetene er blandet, lag en brønn i midten av bollen og tilsett det sammenpiskede egget. Bruk fingrene og arbeid egget gjennom deigen til det begynner å samle seg. Det vil være litt klissete.
f) På en lett melet overflate, elt deigen forsiktig et par ganger for å samle den. Den skal være fuktig, men ikke våt og klissete. Hvis det er for klissete, tilsett 1 ss mel om gangen, opptil ¼ kopp. Rull deigen til en stokk og skjær den i 4 stykker.

g) Rull hvert stykke til et tau om diameteren på tommelen og bruk deretter en skarp kniv til å skjære i 1-tommers segmenter.

h) Forvarm vaffeljernet på medium. Smør begge sider av vaffeljernsristen med nonstick-spray, eller smør gitteret med en silikondeigbørste.

i) Skru ned ovnen til laveste innstilling og sett til side et bakepapir for å holde den ferdige gnocchien varm.

j) Rist forsiktig av eventuelle rester av mel fra gnocchiene og legg en omgang på vaffeljernet, la det være litt plass til hver enkelt kan utvide seg. Lukk lokket og stek til rutermerkene på gnocchiene er gyldenbrune, 2 minutter.

k) Gjenta med de resterende gnocchiene, hold den kokte gnocchien varm på stekeplaten i ovnen.

l) Server varm med pestosaus eller vaffelsalvie og smørsaus.

9. Søtpotettoaster

INGREDIENSER:
- 2 store søtpoteter, skåret i skiver.
- ¼-tommers tykke skiver.
- 1 ss avokadoolje.
- 1 ts salt ½ kopp guacamole.
- ½ kopp tomater, i skiver.

BRUKSANVISNING:
a) Forvarm ovnen til 425 ° F.
b) Dekk en stekeplate med bakepapir.
c) Gni inn potetskivene med olje og salt og legg dem på en bakeplate. Stek i 5 minutter i ovnen, snu og stek igjen i 5 minutter.
d) Topp de bakte skivene med guacamole og tomater.

10. Frokost søtpotet med Hibiscus Tea Yoghurt

Gjør: 2

INGREDIENSER
- 2 lilla søtpoteter

FOR GRANOLAEN:
- 2 ½ kopper havre
- 2 ts tørket gurkemeie
- 1 ts kanel
- 1 ss sitrusskall
- ¼ kopp honning
- ¼ kopp solsikkeolje
- ½ kopp gresskarkjerner
- en klatt salt

FOR YOGHURTEN:
- 1 kopp vanlig gresk yoghurt
- 1 ts lønnesirup
- 1 hibiscus tepose
- spiselige blomster, til pynt

BRUKSANVISNING

a) Forvarm ovnen til 425 grader og stikk potetene over det hele med en gaffel.

b) Pakk potetene inn i tinn og stek i 45 minutter til en time.

c) Ta ut av ovnen og la avkjøles.

FOR GRANOLAEN:

d) Senk ovnsvarmen til 250 grader og kle en stekeplate med bakepapir.

e) Kombiner alle granolaingrediensene i en miksebolle og rør til alt er dekket med honning og olje.

f) Ha over på det kledde bakepapiret og fordel ut så jevnt som mulig.

g) Stek i 45 minutter, rør hvert 15. minutt, eller til granolaen har fått brun farge.

h) Ta ut av ovnen og la avkjøles.

FOR YOGHURTEN:

i) Lag hibiskuste i henhold til teposens anvisninger og sett den til avkjøling.

j) En gang i romtemperatur, visp lønnesirup og te inn i yoghurten til du får en jevn og kremaktig tekstur med en litt rosa fargetone.

Å SETTE SAMMEN:

k) Del potetene i to og topp med granola, smaksatt yoghurt og spiselige blomster til pynt.

11. Pølse-søtpotethasj og egg

Gjør: 4

INGREDIENSER:
- Egg, store 4
- Salt 1/4 ts
- Pecannøtter (hakkede) 1/4 kopp
- Grønn løk (i skiver) 4
- Tranebær (tørket) 1/4 kopp
- Granny Smith-epler, medium (hakket) 2
- Søtpoteter, i terninger (skrellet og 1/4-tommers terninger hver) 2 italienske kalkunpølser (uten tarm) 4 1/8 kopper

BRUKSANVISNING:
a) Ta en stor stekepanne som er belagt med kokesprayen, kok søtpotetene og pølsene over middels varme i 8 til 10 minutter til pølsen ikke er rosa lenger, og bryter pølsen i smuldrer.
b) Tilsett salt, pekannøtter, tranebær og eple, kok og bland i 4 til 6 minutter til potetene er møre.
c) Fjern blandingen fra pannen, dryss litt grønn løk. Hold det varmt.
d) Tørk av pannen ren og bruk kokesprayen til å belegge den igjen; plasser pannen over middels høy varme.
e) Knekk eggene i pannen etter hverandre. Senk flammen til lav. Kok til ønsket ferdighet er oppnådd. Snu etter at hvitene er stivnet hvis du foretrekker det.
f) Server den med hasjen.

12. Søtpotet og eggepanne

Gjør: 4

INGREDIENSER:
- Pepper (grovkvernet) 1/8 ts
- Egg, store 4
- Babyspinat (fersk) 2 kopper
- Tørket timian 1/8 ts
- Salt (delt) 1/2 ts
- Hvitløksfedd (hakket) 1
- Søtpoteter, middels (revet og terninger) 4 kopper
- Smør 2 ss

BRUKSANVISNING:

a) Ta en tung stekepanne eller et stort støpejern.

b) Varm smøret i den over lav varme.

c) Tilsett timian, 1/4 ts salt, hvitløk og søtpoteter.

d) Dekk til og kok i 4 til 5 minutter til potetene blir møre. Rør med jevne mellomrom.

e) Bland spinaten i den og rør i 2 til 3 minutter til den visner.

f) Bruk baksiden av en skje til å lage fire brønner i blandingen av poteter.

g) Knekk ett av eggene i hver av brønnene.

h) Dryss litt pepper og saltet som er igjen på eggene. Dekk til og stek i 5 til 7 minutter på middels lav varme til eggehvitene er helt stivnet, og eggeplommen begynner å tykne, men pass på at den ikke er hard.

13. Stekt søtpotet hashbrowns

Gir: 8 porsjoner

INGREDIENSER:
- ½ pund bacon i terninger
- 1 kopp hakket løk
- 1 salt; å smake
- 1 nykvernet sort pepper; å smake
- 1 ss hakket hvitløk
- 2 pund søtpoteter; skrelt, revet

BRUKSANVISNING:
a) Rør baconet i en stor stekepanne til det er sprøtt, ca. 8 minutter.
b) Tilsett løkene. Smak til med salt og pepper.
c) Fres løken til den er myk, ca 2 minutter.
d) Tilsett hvitløk og søtpoteter. Smak til med salt og pepper.
e) Stek i ca 10 til 15 minutter. Ta av varmen og server varm.

14. Geitost, søtpotet og krutongomelett

Gir: 2 porsjoner

INGREDIENSER:
- 2 ss usaltet smør
- 1 kopp halvtommers terninger landlig brød
- 1 middels søtpotet -; (ca. 1/2 lb)
- 1 liten rødløk; skåret i tynne skiver
- 2 unse myk mild geitost; smuldret opp
- 1 ts Hakket friske rosmarinblader
- 5 store egg
- Salt; å smake
- nykvernet sort pepper; å smake

BRUKSANVISNING:

a) Forvarm ovnen til 350 grader. I en 8-tommers non-stick-gryte smelter du 1 ss smør over moderat varme og blander med brødterninger i en bolle.

b) Rist brødterninger midt i ovnen på en bakeplate til de er gyldne og sprø, ca. 10 minutter, og ha over i en bolle.

c) Skrell søtpotet og kutt i ¼-tommers terninger. I en dampkoker satt over kokende vann, damp potet og løk til de er møre, ca. 4 minutter, og bland med krutonger. Avkjøl blandingen og bland med geitost og rosmarin. I en bolle visp sammen egg og salt og pepper etter smak.

d) Varm ½ ss smør over middels høy varme i pannen til skummet avtar. Hell i halvparten av eggene, vipp pannen slik at den fordeler seg jevnt over bunnen.

e) Kok omelett i 1 minutt, eller til nesten stivnet, rør om topplaget med baksiden av en gaffel og riste stekepannen, la eventuelt ukokt egg renne under.

f) Dryss halvparten av omeletten med halvparten av krutongblandingen og stek i 1 minutt til, eller til den er stivnet. Brett omelett over fyllet og ha over på en tallerken.

g) Hold omelett varm mens du lager en annen omelett med gjenværende smør, egg og krutongblanding på samme måte.

FORRETTER

15. Søtpoteter og epler i rom

Gjør: 6

INGREDIENSER:
- ¼ teskje svart pepper
- 3 søtpoteter, skrubbet og prikket med en gaffel
- ½ ts malt kanel
- 1 ss eplecidereddik
- ½ ts kosher salt
- 2 ss mørk rom
- 1 ss usaltet smør

TOPPING
- 2 kopper skrelte og hakkede Granny Smith-epler
- Friske salvieblader
- 3 ss hakkede pekannøtter, ristet

BRUKSANVISNING:

a) Kombiner alle ingrediensene, unntatt toppingen, i en 6-quart Crockpot.

b) Kok sakte til potetene er møre, ca 6 timer.

c) Fjern potetene, og del dem i to på langs.

d) Topp med epler, pekannøtter og salvieblader.

16. Fylte søtpoteter

Gjør: 1

INGREDIENSER:
- 1 kopp vann
- 1 søtpotet
- 1 ss ren lønnesirup
- 1 ss mandelsmør
- 1 ss hakkede pekannøtter
- 2 ss blåbær
- 1 ts chiafrø
- 1 ts karripasta

BRUKSANVISNING:

a) Tilsett en kopp vann og dampstativet i instant-gryten.

b) Forsegl lokket og plasser søtpoteten på risten, pass på at utløserventilen er i riktig posisjon.

c) Forvarm Instant Pot til høyt trykk i 15 minutter på manuell. Det vil ta noen minutter før trykket bygges opp.

d) Etter at timeren går av, la trykket falle naturlig i 10 minutter. For å slippe ut gjenværende trykk, drei utløserventilen.

e) Når flottørventilen har falt, fjern søtpoteten ved å åpne lokket.

f) Når søtpoteten er avkjølt nok til å håndtere, kutt den i to og mos kjøttet med en gaffel.

g) Topp med pekannøtter, blåbær og chiafrø, og drypp deretter med lønnesirup og mandelsmør.

17. Fylt søtpotet på ruccola

Gjør: 1

INGREDIENSER:
- ½ søtpotet, bakt
- 2 egg
- ½ kopp mikro ruccola, hakket
- Salt og pepper
- Drypp olivenolje

BRUKSANVISNING:

a) Drypp grønnsakene lett med olivenolje og smak til med en klype salt.

b) Forvarm en stekepanne eller takke på middels høy varme.

c) Når pannen er oppvarmet, tilsett olivenolje og kok i ca 30 sekunder før du tilsetter søtpotet.

d) Kok til kantene begynner å bli brune, og vend deretter.

e) Ta søtpotetskivene ut av gryten og sett dem rett oppå de tilberedte grønnsakene.

f) Deretter knekker du de to eggene i pannen.

g) Mens eggene koker, smak til med salt og pepper.

h) For litt ekstra smak, dryss på noen urter som oregano eller timian, eller knust rød pepper.

i) Legg eggene oppå søtpotetskivene.

j) Pynt med det grønne du setter til side.

18. Chiles Anchos Rellenos

4 porsjoner

Ingredienser
For chiliene
- 1 ss olje
- 2 kopper hvitløk i tynne skiver
- 3 fedd hvitløk, skrellet og knust
- 2 ss tamarindpasta oppløst i 2 kopper varmt vann
- 1 kopp melao (rørsirup) eller brunt sukker
- 1/2 ts tørket blad oregano
- 1/2 ts tørket timian
- 1/2 ts salt
- 8 mellomstore til store anchochili, kutt ned den ene siden, frøene fjernet

For fyllet
- 4 kopper stekte hvitløk søtpoteter
- Stekt gulrøtter
- 2 gram geitost, revet
- Klyp salt
- 2 ts ekstra virgin olivenolje

Veibeskrivelse

a) Forbered chilien. Varm oljen over lav til middels varme i en middels stor kjele. Tilsett løken og stek til den har fått litt farge. Tilsett hvitløken og stek et minutt til.

b) Rør inn vannet med tamarindsmak, melao, oregano, timian og salt.

c) Tilsett chili, dekk til og la det småkoke i 10 minutter. Fjern kjelen fra varmen, avdekk og avkjøl i minst 10 minutter.

d) Lag fyllet. Mens chiliene avkjøles, kombinerer du søtpoteter og/eller gulrøtter og queso fresco eller panela. Visp sammen salt og olje og bland det med grønnsakene.

e) Fyll og server chilien. Bruk en stor hullsleiv, fjern chilien til en sil og la den renne av i 5 minutter.

f) Hell forsiktig ca. 1/4 kopp av fyllet i hver chili og legg 2 på hver av fire tallerkener. Hell litt av løken over hver porsjon og topp med osten. Server ved romtemperatur.

19. Søtpotet og gulrot Tinga Tacos

Total tid - 30 minutter

Ingredienser
- 1/4 kopp vann
- 1 kopp hvitløk i tynne skiver
- 3 fedd hvitløk, finhakket
- 2 1/2 kopper revet søtpotet
- 1 kopp revet gulrot
- 1 boks (14 oz.) tomater i terninger
- 1 ts. Meksikansk oregano (valgfritt)
- 2 Chipotle paprika i adobo
- 1/2 kopp grønnsakskraft
- 1 avokado, i skiver
- 8 tortillas

Veibeskrivelse

a) I en stor sautépanne over middels varme, tilsett vann og løk, stek i 3-4 minutter til løken er gjennomsiktig og myk. Tilsett hvitløken og fortsett å steke under omrøring i 1 minutt.

b) Tilsett søtpotet og gulrot i pannen og kok i 5 minutter mens du rører ofte.

c) Saus:

d) Plasser terninger av tomater, grønnsakskraft, oregano og chipotle-pepper i blenderen og kjør til den er jevn.

e) Tilsett chipotle-tomatsaus i pannen og kok i 10-12 minutter, rør av og til, til søtpotet og gulrot er gjennomkokt. Tilsett eventuelt mer grønnsakskraft i pannen.

f) Server på varme tortillas og topp med avokadoskiver.

20. STEKT ROOTS PIZZA

Ingrediens
- Allbruksmel til å tørke av pizzaskallet eller olivenolje til å smøre pizzabrettet
- 1 hjemmelaget deig
- 1/2 stort hvitløkshode
- 1/2 små søtpoteter, skrelt, halvert på langs, og i tynne skiver
- 1/2 liten fennikelløk, halvert, trimmet og skåret i tynne skiver
- 1/2 liten pastinakk, skrelt, halvert på langs, og i tynne skiver
- 1 ss olivenolje
- 1/2 ts salt
- 4 unser (1/4 pund) mozzarella, strimlet
- 1 unse Parmigiana, fint revet
- 1 ss sirupsaktig balsamicoeddik

RETNINGSLINJER
a) Pakk de skrellede hvitløksfeddene inn i en liten aluminiumsfoliepakke og stek eller grill direkte over varmen i 40 minutter.
b) I mellomtiden kaster du søtpotet, fennikel og pastinakk i en stor bolle med olivenolje og salt.
c) Hell innholdet i bollen over på en stor stekeplate.
d) Sett i ovnen eller over den uoppvarmede delen av grillen og stek, snu av og til, til den er myk og søt, 15 til 20 minutter.
e) Overfør hvitløken til et skjærebrett, åpne pakken, pass på dampen.
f) Øk ovnens eller gassgrillens temperatur til 450 °F.
g) Fordel den strimlede mozzarellaen over den tilberedte skorpen, og la en 1/2-tommers kant i kanten. Topp osten med alle grønnsakene, klem den tykke, myke hvitløken ut av papirskallen og over på paien. Topp med revet Parmigiana.
h)

i) Skyv pizzaen fra skallet til den varme steinen eller legg pizzaen på brettet eller bakeplaten enten i ovnen eller over den uoppvarmede delen av grillen. Stek eller grill med lokket lukket til skorpen har blitt gyldenbrun og til og med mørknet litt på bunnen, til osten har smeltet og begynt å bli brun, 16 til minutter. Frisk deig kan utvikle noen luftbobler i løpet av de første 10 minuttene; Spesielt i kanten stikk disse med en gaffel for å sikre en jevn skorpe.

j) Skyv skallet tilbake under skorpen for å ta det av den varme steinen eller overfør pizzaen på brettet eller bakeplaten til en rist. Sett til side i 5 minutter. For å holde skorpen sprø, kan det være lurt å overføre paien fra skallet, brettet eller melplaten rett over på rist for å avkjøles etter et minutt eller så.

k) Når den er avkjølt litt, drypp paien med balsamicoeddik og skjær den deretter i skiver for servering.

21. Søtpotet latkes

Gir: 4 porsjoner

INGREDIENSER:
- 1¾ pund appelsinkjøtt søtpoteter; skrelles
- 1 løk
- 5 eggehviter
- ½ ts salt
- ¼ ts kvernet hvit pepper
- ⅓ kopp mel
- Olje
- 1⅓ kopp eplemos; valgfri

BRUKSANVISNING:
a) Riv søtpoteter og løk i kjøkkenmaskin med riveskive eller gjennom store hull på rivjernet. Overfør til stor bolle. Pisk eggehviter lett med salt og pepper og tilsett potetblandingen. Bland godt. Tilsett mel og bland godt.

b) Varm 2 ss olje over middels varme i tung nonstick 10- til 12-tommers panne. Fyll ¼-kopps mål med blandingen, press for å komprimere, og vend ut i haugen i pannen. Gjenta raskt for 3 latkes til. Flat hver med baksiden av skjeen for å danne 2½ til 3-tommers kake og trykk for å komprimere. Stek 1-½ minutt på hver side.

c) Fjern til nonstick bakepapir med hullspade. Fortsett med gjenværende røre, tilsett litt mer olje i pannen og rør røren for hver batch.

d) Stek ved 450 grader F til de er gyldenbrune, ca 10 minutter. Snu og stek i 5 minutter til. Server varm med eplemos om ønskelig.

22. Daigaku imo

SERVER 2–4

- 1 søtpotet
- 3 ss vegetabilsk olje
- 5 ss melis
- ¼ ts soyasaus

revet skall av 1 lime, pluss saften av ½ lime 1 ts svarte sesamfrø

BRUKSANVISNING:

a) Vask søtpoteten grundig (ikke skrell den) og skjær den i uregelmessige skiver som ikke er større enn 3 cm tykke. Bløtlegg kilene i kaldt vann i 20–30 minutter for å fjerne overflødig stivelse, og tørk deretter helt med kjøkkenpapir eller et rent kjøkkenhåndkle.

b) Ha olje, sukker, soyasaus, limeskall og juice i en dyp stekepanne på lav varme og rør. Tilsett potetene i pannen, legg til belegg i sukkerblandingen, og øk varmen til middels. Legg et lokk på kjelen og la det varme til du hører det freser.

c) Skru ned varmen til middels lav og stek i ytterligere 2–3 minutter, ta deretter av lokket og stek i ytterligere 10 minutter eller så, snu potetene ofte for å sikre at de blir lett brune på alle sider. Potetene er ferdige når du enkelt kan stikke hull i dem med en spisepinne eller smørkniv.

d) Når potetene er møre og pent brune, skru av varmen og rør gjennom sesamfrøene.

e) La det avkjøles litt, og nyt dem for seg selv eller med vaniljeis.

23. Quinoa muffins biter

INGREDIENSER:

- 1 ½ kopper tilberedt quinoa.
- 2 egg, vispet.
- ½ kopp søtpotetpuré.
- ½ kopp svarte bønner.
- 1 ss hakket koriander.
- 1 ts spisskummen.
- 1 ts paprika.
- ½ ts hvitløkspulver.
- ½ ts salt.
- ⅛ teskjeer svart pepper.
- Matlagingsspray.

BRUKSANVISNING:

a) Forvarm ovnen til 350 ° F. tilsett alle ingrediensene i en stor bolle og bland til alt er integrert.

b) Hell blandingen i muffinsformene med en spiseskje, og klapp ned toppen av hver enkelt. Stek til de er gjennomstekt og holder sammen ca 15-20 minutter.

24. Gurkemeie søtpotetkaker

Gjør: 10 patties

INGREDIENSER:
- ½ kopp gram mel
- 1 søtpotet, skrelt og i terninger
- ½ gul eller rød løk, skrelt og finhakket
- 1 ss sitronsaft
- Hakket fersk persille eller koriander, til pynt
- 1 ts gurkemeiepulver
- 1 ts malt koriander
- 1 ts garam masala
- 3 ss olje, delt
- 1 stykke ingefærrot, skrelt og revet eller hakket
- 1 ts spisskummen frø
- 1 ts rødt chilepulver eller cayennepeper
- 1 kopp erter, ferske eller frosne
- 1 grønn thai-, serrano- eller cayenne-chile, hakket
- 1 ts grovt havsalt

BRUKSANVISNING:

a) Damp poteten i 7 minutter, eller til den er myk.
b) Knekk den forsiktig ned med en potetstapper.
c) Varm 2 ss olje i en grunn stekepanne på middels varme.
d) Tilsett spisskummen og kok i 30 sekunder, eller til den syrer.
e) Tilsett løk, ingefærrot, gurkemeie, koriander, garam masala og rødt chilepulver.
f) Kok i ytterligere 3 minutter, eller til de er myke.
g) La blandingen avkjøles.
h) Når blandingen er avkjølt, legg den til potetene, sammen med erter, grønn chili, salt, grammel og sitronsaft.
i) Bland grundig med hendene.
j) Form blandingen til bøffer og legg dem på en bakeplate.
k) Varm opp den resterende 1 ss olje i en tykk panne over middels varme.
l) Stek karbonadene i porsjoner i 3 minutter på hver side.
m) Server, garnert med fersk persille eller koriander.

25. Søtpotet nachos

Gjør: 6

INGREDIENSER:
- 1 ss olivenolje
- ⅓ kopp hakket tomat
- ⅓ kopp hakket avokado
- 1 ts chilipulver
- 1 ts hvitløkspulver
- 3 søtpoteter
- 1½ ts paprika
- ⅓ kopp revet cheddarost med redusert fett

BRUKSANVISNING:

a) Forvarm ovnen til 425 grader Fahrenheit. Dekk bakeformene med nonstick-spray og dekk dem med folie.
b) Skrell og skjær søtpotetene i tynne skiver i 14-tommers runder.
c) Kast rundene med olivenolje, chilipulver, hvitløkspulver og paprika.
d) Fordel likt på den forvarmede pannen og stek i 25 minutter, vend halvveis gjennom koketiden til den er sprø.
e) Ta gryten ut av ovnen og topp søtpotetene med bønner og ost.
f) Stek i ytterligere 2 minutter til osten har smeltet.
g) Ha i tomat og avokado. Tjene.

26. Søtpotet Marshmallow biter

Gjør: 6-8

INGREDIENSER:
- 4 søtpoteter, skrelt og oppskåret
- 2 ss smeltet plantebasert smør
- 1 ts lønnesirup
- Kosher salt
- 10-unse pose marshmallows
- ½ kopp halve pekannøtter

BRUKSANVISNING:
a) Forvarm ovnen til 400 grader Fahrenheit.
b) Kast søtpoteter med smeltet plantebasert smør og lønnesirup på en bakeplate og legg dem i et jevnt lag. Smak til med salt og pepper.
c) Stek til de er myke, ca. 20 minutter, snu halvveis. Fjerne.
d) Topp hver søtpotetrunde med en marshmallow og stek i 5 minutter.
e) Server umiddelbart med en pecan-halvdel på toppen av hver marshmallow.

27. Ceviche Peruano

Ingredienser

- 2 mellomstore poteter
- 2 hver søtpotet
- 1 rødløk, kuttet i tynne strimler
- 1 kopp fersk limejuice
- 1/2 stilk selleri, i skiver
- 1/4 kopp lettpakket korianderblader
- 1 klype malt spisskummen
- 1 fedd hvitløk, finhakket
- 1 habanero pepper
- 1 klype salt og nykvernet pepper
- 1 pund fersk tilapia, kuttet i 1/2-tommers
- 1 pund mellomstore reker - skrellet,

Veibeskrivelse

a) Ha potetene og søtpotetene i en kjele og dekk med vann. Legg den skivede løken i en bolle med varmt vann.

b) Bland selleri, koriander og spisskummen og rør inn hvitløk og habaneropepper. Smak til med salt og pepper, og rør deretter inn tilapia i terninger og reker

c) For servering, skrell potetene og skjær dem i skiver. Rør inn løkene i fiskeblandingen. Kle serveringsboller med salatblader. Hell cevichen som består av juice i bollene og pynt med potetskiver.

28. Ingefærede søtpotetfritter

Gir: 1 porsjoner

INGREDIENSER:
- 1/2-kilos søtpotet
- 1½ ts Finhakket, skrellet fersk ingefærrot
- 2 ts fersk sitronsaft
- ¼ teskje Tørkede varme røde pepperflak
- ¼ teskje salt
- 1 stort egg
- 5 ss All-purpose mel
- Vegetabilsk olje til frityrsteking

BRUKSANVISNING:

a) Skrell og riv søtpoteten grovt. Finhakk den revne søtpoteten med ingefærroten, sitronsaften, de røde pepperflakene og saltet i en foodprosessor, tilsett egget og melet og bland blandingen godt.

b) Varm 1½ tommer av oljen i en stor kjele over moderat høy varme til 360F. på et dypfetttermometer, drypp spiseskjeer av søtpotetblandingen i oljen i omganger, og stek fritterne, snu dem, i 2 minutter, eller til de er gylne.

c) Overfør fritterne til papirhåndklær for å renne av.

BURGERE, WRAPS OG SMØRRØD

29. Quinoa og søtpotetburger

Gjør: 6

Ingredienser
- 3 mellomstore søtpoteter, bakte
- 2 egg
- 1 kopp kikertmel
- 1 ts chilipulver
- 1 ss fullkorn dijonsennep
- 1 ss valnøttsmør eller annet nøttesmør
- saft av ½ sitron
- 1 klype havsalt
- 200 g quinoa
- peanøttolje, til steking
- Pepperrot rømme
- 3 ss finrevet pepperrot
- 1¼ kopper rømme
- sjøsalt

Å servere
- 6 burgerboller, halvert
- smør til bollene
- finskåret rød asiatisk sjalottløk
- finhakket gressløk

Veibeskrivelse

a) Del potetene på langs og bruk en skje til å skrape ut innmaten.

b) Bland eggene i en foodprosessor og bland inn søtpoteter, kikertmel, chilipulver, sennep, nøttesmør, sitronsaft og salt. Tilsett quinoaen.

c) Bruk en håndfull av blandingen om gangen, og form runde bøffer.

d) Kombiner salt, pepperrot og rømme i en miksebolle.

e) På middels varme griller du karbonadene i noen minutter på begge sider.

f) Smør snittflatene på bollene og grill dem raskt.

g) Legg en burger på bunnen av hver bolle, og dekk med pepperrotrømme, sjalottløk og gressløk.

30. Linserisburgere

Gir: 8 porsjoner

Ingredienser
- ¾ kopp linser
- 1 søtpotet
- 10 friske spinatblader, strimlet
- 1 kopp fersk sopp, i terninger
- ¾ kopp brødsmuler
- 1 ts estragon
- 1 ts hvitløkspulver
- 1 ts Persilleflak
- ¾ kopp langkornet ris

Veibeskrivelse
a) Kok risen til den er myk og litt klissete, og tilsett deretter linser.
b) Finhakk en kokt skrellet søtpotet.
c) Kombiner risblandingen, søtpotet og alle de andre ingrediensene i en miksebolle.
a) Avkjøl i 15 til 30 minutter. Form til bøffer og stek på en utendørs grill med en grønnsaksgrill.
b) Pass på å olje eller spray pannen med Pam for å forhindre at burgerne fester seg.

31. Krydret søtpotet og svarte bønne-taquitos

Gjør: 3

INGREDIENSER:
- 1 middels potet stekt søtpotet
- 1/4 kopp svarte bønner, kokte
- 3 4" maistortillas
- 1 ss plantebasert smør
- 1/4 ts løkpulver
- 1/4 ts hvitløkspulver
- 1/2 ts chilipulver
- 1 ts chiliflak
- 1 ss næringsgjær
- 1/4 ts paprika
- 1/2 ts spisskummen
- 1 ts kosher salt

BRUKSANVISNING:

a) Slå på airfryeren i 4 minutter ved 400 °F.

b) I en bolle, øs søtpoteten med en gaffel, og mos den deretter sammen med plantebasert smør.

c) Rør næringsgjæren og alle krydderne til en jevn konsistens er oppnådd.

d) Pakk tortillas inn i et fuktig papirhåndkle og legg i mikrobølgeovnen i 30 sekunder for å gjøre det mindre sannsynlig at de rives under innpakningen.

e) Bruk en tallerken, tilsett ca 1 ts grønnsaksbuljong. Legg en tortilla på tallerkenen og gni for å dekke den ene siden med buljong.

f) Til den tørre siden av tortillaen, tilsett ⅓ av blandingen nær kanten og 1½ spiseskje bønner. Press bønnene inn i potetene for å unngå at de faller ut.

g) Rull til en taquito ved å ta opp den fylte kanten og snu den. Sørg for å rulle stramt og forsiktig for å unngå at tortillaen revner.

h) Plasser sømmen ned i kurven på airfryeren.

i) Gjenta fyllingen av alle de resterende porsjonene med tortillas til alle taquitos er laget.

j) Stek i 10 minutter i frityrkokeren til skjellene er helt sprø.

k) Pynt med guacamole, salsa eller plantebasert crema.

HOVEDRETT

32. Krydret kyllingkvarter med søtpoteter

Gjør: 4

INGREDIENSER:
- ½ ts sort pepper
- 2 ss olivenolje
- 2 søtpoteter, skrelt og i terninger
- 1 ss maisstivelse
- ½ ts kajennepepper
- 1 ss vann
- 1 ts chilipulver
- Friske korianderblader
- ¼ teskje malt kanel
- 1 ss lys brunt sukker
- 1 ts kosher salt
- ¾ kopp usaltet kyllingkraft
- 4 kyllinglårkvarter, flådd

BRUKSANVISNING:
a) I en Crockpot, legg søtpotetene i et lag og smak til med salt og sort pepper.
b) Kombiner brunt sukker, chilipulver, cayennepepper og kanel i en miksebolle.
c) Gni krydderblandingen over hele kyllingen.
d) Varm oljen i en nonstick-gryte over moderat varme.
e) Brun kyllingen på begge sider, 2 til 3 minutter per side.
f) Fjern kyllingen fra gryten, og behold dryppene i gryten.
g) Legg kyllingen i et enkelt lag, med bitene litt overlappende, på søtpotetene i Crockpot.
h) Tilsett kraften til de konserverte dryppene i gryten og kok på lavt nivå i ca. 2 minutter, virvling og skrap for å frigjøre de brunede bitene fra bunnen av gryten.
i) Hell kyllingkraftblandingen over.

j) Kok på lav varme i 4 timer.

k) Behold matlagingsvæsken i Crockpot og overfør kyllingen og søtpotetene til en serveringsfat.

l) Skum og kast fettet fra kokevæsken, og overfør det deretter til en middels gryte.

m) Kok opp på høy varme.

n) Kombiner maisstivelsen og vann; rør maisstivelsesblandingen inn i den kokende kokevæsken og kok på lavt under konstant visp til det tykner, ca. 1 minutt.

o) Server sausen sammen med kyllingen og søtpotetene, pynt etter ønske.

33. Hvitløk florentinske søtpoteter

Gir: 4 porsjoner

INGREDIENSER:
- 4 søtpoteter
- 2, 10-unse pakker med spinat
- 1 ss olivenolje
- 1 sjalottløk, finhakket
- 2 fedd hvitløk, finhakket
- 6 soltørkede tomater i terninger
- ¼ teskje salt
- ¼ teskje svart pepper
- ¼ ts rød pepperflak
- ½ kopp delvis skummet ricottaost

BRUKSANVISNING:
a) Gjør ovnen klar ved å forvarme den til 400 grader Fahrenheit.
b) Legg søtpotetene på et tilberedt bakepapir etter å ha stukket dem med en gaffel.
c) Stek i 45-60 minutter til potetene er kokte. Gi tid til avkjøling.
d) Del potetene på midten med en kniv og luft potetkjøttet med en gaffel, og sett til side.
e) I en panne, varm oljen over moderat varme. Stek i 3 minutter til sjalottløken er myk.
f) Stek i ytterligere 30 sekunder til hvitløken er aromatisk.
g) Kombiner avrent spinat, tomater, salt, sort pepper og rød pepperflak. Kok i ytterligere 2 minutter.
h) Fjern fra varmen og sett til avkjøling.
i) Bland ricottaosten inn i spinatblandingen.
j) Server spinatblandingen oppå de delte søtpotetene.

34. Risotto med grønne bønner og søtpoteter

Gjør: 8

INGREDIENSER:
- 1 stor søtpotet
- 5 fedd hvitløk, finhakket
- 2 kopper kortkornet brun ris
- 1 ts tørkede timianblader
- 7 kopper grønnsaksbuljong med lite natrium
- 2 kopper grønne bønner, delt i to på tvers
- 3 ss usaltet smør
- ½ kopp parmesanost

BRUKSANVISNING:

a) Bland søtpotet, hvitløk, ris, timian og buljong i en 6-liters saktekoker.

b) Dekk til og kok over lav varme i 3 til 4 timer.

c) Bland inn de grønne bønnene.

d) Dekk til og kok på lav varme i 37 minutter.

e) Rør inn smør og ost. Dekk til og kok på lavt nivå i 20 minutter, rør deretter og server.

35. Bakt laks og søtpoteter

Porsjoner: 4 porsjoner

Ingredienser
- 4 laksefileter, skinn fjernet
- 4 mellomstore søtpoteter, skrelt og kuttet i 1-tommers tykke
- 1 kopp brokkolibuketter
- 4 ss ren honning (eller lønnesirup)
- 2 ss appelsinmarmelade/syltetøy
- 1 1-tommers fersk ingefærknott, revet
- 1 ts dijonsennep
- 1 ss sesamfrø, ristet
- 2 ss usaltet smør, smeltet
- 2 ts sesamolje
- Salt og pepper etter smak
- Vårløk/skålløk, nyhakket

BRUKSANVISNING:

a) Forvarm ovnen til 400F. Smør stekepannen med smeltet usaltet smør.

b) Legg søtpotetene i skiver og brokkolibukettene i pannen. Smak til med salt, pepper og en teskje sesamolje. Pass på at grønnsakene er lett belagt med sesamolje.

c) Stek potetene og brokkolien i 10-12 minutter.

d) Mens grønnsakene fortsatt er i ovnen, tilbered den søte glasuren. Ha i honning (eller lønnesirup), appelsinsyltetøy, revet ingefær, sesamolje og sennep i en miksebolle.

e) Ta bakepannen forsiktig ut av ovnen og fordel grønnsakene til siden for å gi plass til fisken.

f) Krydre laksen lett med salt og pepper.

g) Legg laksefiletene i midten av stekepannen og hell i den søte glasuren over laksen og grønnsakene.

h) Sett pannen tilbake i ovnen og stek i ytterligere 8-10 minutter eller til laksen er mør.

i) Ha laksen, søtpotetene og brokkolien over på et fint serveringsfat. Pynt med sesamfrø og vårløk.

36. Laks Teriyaki med grønnsaker

Porsjoner: 4 porsjoner

Ingredienser
- 4 laksefileter, skinn og pinnebein fjernet
- 1 stor søtpotet (eller ganske enkelt potet), kuttet i passe store biter
- 1 stor gulrot, kuttet i passe store biter
- 1 stor hvit løk, kuttet i terninger
- 3 store paprika (grønn, rød og gul), hakket
- 2 kopper brokkolibuketter (kan erstattes med asparges)
- 2 ss ekstra virgin olivenolje
- Salt og pepper etter smak
- Vårløk, finhakket
- Teriyaki saus
- 1 kopp vann
- 3 ss soyasaus
- 1 ss hvitløk, finhakket
- 3 ss brunt sukker
- 2 ss ren honning
- 2 ss maisstivelse (oppløst i 3 ss vann)
- ½ ss ristede sesamfrø

BRUKSANVISNING:

a) I en liten panne, visp soyasaus, ingefær, hvitløk, sukker, honning og vann over lav varme. Rør kontinuerlig til blandingen koker sakte. Rør inn maisstivelsesvannet og vent til blandingen tykner. Ha i sesamfrøene og sett til side.

b) Smør en stor ildfast form med usaltet smør eller kokespray. Forvarm ovnen til 400F.

c) Ha alle grønnsakene i en stor bolle og drypp med olivenolje. Bland godt til grønnsakene er godt dekket med olje. Smak til med nyknekket pepper og litt salt. Overfør grønnsakene til bakebollen. Spred grønnsakene til sidene og la det være litt plass i midten av bakebollen.

d) Legg laksen i midten av bakebollen. Hell i 2/3 av teriyakisausen til grønnsakene og laksen.

e) Stek laksen i 15-20 minutter.

f) Ha den bakte laksen og de ristede grønnsakene over på et fint serveringsfat. Hell i resten av teriyakisausen og pynt med hakket vårløk.

37. Laks med søtpoteter og bønner

Denne retten er rask, veldig god og enkel spesielt for kvelden.

Ingredienser:
- For to personer
- 2 lakseboller
- 1 stor søtpotet (veldig stor)
- 200 g grønne bønner
- Sitronsaftdill (dette er romantiske urter, det passer godt til laks, men hvis du ikke spiller noen rolle 2 ss olivenolje til koking av laks)
- Smør (1 spiseskje)
- 5 cl oïl (valgfri) for koking av søtpotet
- Salt, papir

Forberedelse:
a) Start med å fjerne de uspiselige endene av bønnene og skjær dem i ca 3 cm lange biter. Kok deretter med damp i 10 minutter. Ha så olivenolje i en panne, men det kan være valgfritt. Jeg gjorde det for dette tilfellet, men kokedamp er nok. Reserver bønnene
b) Ha så olivenoljen i en panne. Legg til laksesteker. Og kok i noen minutter. Begge sider må være farget. Salt hvert ansikt. Reserver og dryss med dill.
c) Skrell søtpoteten. Og skjær i tykke skiver. Kutt deretter hver puck i to (halve sirkler).
d) Varm opp oljen. Kok søtpotetbiter på middels varme. Den skal stekes og farges på hver side. Fjern og salt.
e) Nyt laksen med de stekte søtpotetene som smelter inni og bønnene i smør.
f) Du kan spise et skvett sitronsaft på laksen.

38. Matcha dampet torsk

Gir: 4 porsjoner

INGREDIENSER
- 2 kopper skrellet søtpotet i julien
- 1 pund torsk, kuttet i 4 biter
- 2 ts matcha pulver
- 4 ss usaltet smør
- 8 kvister fersk timian
- 4 skiver fersk sitron
- 1 ts kosher salt

BRUKSANVISNING:
a) Forvarm ovnen til 425 grader F. Ta 4 ark med bakepapir, hver ca 12 x 16 tommer, i to og brett ut for å lage en fold.
b) Legg en haug søtpotetstrimler på den ene siden av hvert stykke pergament og topp hver med et stykke torsk.
c) Dryss hvert fiskestykke med 1 ts matcha, og topp hver med 1 ss smør, 2 kvister timian og en sitronskive; smak til med salt.
d) Brett over bakepapir for å omslutte fyllet og krympe kantene for å forsegle og danne en halvmåneformet pakke.
e) Overfør til en bakeplate og stek i 20 minutter. Ta pakkene ut av ovnen og la dem hvile i 5 til 10 minutter før de åpnes.

39. Søtpotet Marshmallow gryte

Gir: 10 porsjoner

INGREDIENSER:
- 4 ½ pund søtpoteter
- 1 kopp granulert sukker
- ½ kopp vegansk smør myknet
- ¼ kopp plantebasert melk
- 1 ts vaniljeekstrakt
- ¼ teskje salt
- 1 ¼ kopper cornflakes frokostblanding, knust
- ¼ kopp hakkede pekannøtter
- 1 ss brunt sukker
- 1 ss vegansk smør, smeltet
- 1½ kopper miniatyrmarshmallows

BRUKSANVISNING:
a) Forvarm ovnen til 425 grader Fahrenheit.
b) Stek søtpoteter i 1 time eller til de er myke.
c) Del søtpoteter i to og øs ut innmaten i en røreform.
d) Bruk en elektrisk mikser, pisk søtpotetmosen, granulert sukker og de følgende 5 ingrediensene til en jevn masse.
e) Hell potetblandingen i en 11 x 7-tommers bakebolle som har blitt smurt.
f) I en miksebolle, kombinere cornflakes frokostblanding og de neste tre ingrediensene.
g) Dryss i diagonale rader 2 tommer fra hverandre over fatet.
h) Stek i 30 minutter.
i) Mellom radene med cornflakes, dryss marshmallows; stek i 10 minutter.

40. Kaldstekt and med grønnsaker

Gir: 4 porsjoner

INGREDIENSER:
- 1 kopp søtpoteter
- 1 kopp gulrøtter
- 1 kopp agurk
- 1 kopp kinesisk hvit nepe
- 1 Grønn pepper
- 1 kopp kinakål (opptil)
- 1 kopp sukker
- 1 kopp eddik
- 1 ss Catsup
- 1 ss Olje
- ½ ts salt
- ½ ts varm saus
- 3 dråper sesamolje; mer eller mindre
- 1 klype kanel
- 1 dash pepper
- 1 hodesalat (opptil)
- 2 pund stekt and

BRUKSANVISNING:
a) Skrell og riv søtpoteter, gulrøtter, agurk og kinesisk hvit kålrot. Kutt grønn pepper og kinakål.
b) Kombiner sukker, eddik, catsup, olje, salt, varm saus, sesamolje, kanel og pepper. Legg til strimlede grønnsaker og bland godt. Avkjøl, tildekket, 24 timer.
c) Kast grønnsakene igjen og avkjøl, dekket, 24 timer til. Tøm, kast marinaden.
d) Riv salaten og legg den på et serveringsfat. Topp med drenerte grønnsaker.
e) Bein og riv andestek. Legg over grønnsakene og server.

41. Buffalo Tempeh Harvest Bowls

Gjør: 2

INGREDIENSER:
- 8 oz tempeh
- 1 oz lønnesirup
- 1,5 oz varm saus
- 1 ts dijonsennep
- 3 fedd hvitløk
- 4 oz blandede greener
- 1 søtpotet
- 4 ss grønnsaksbuljong, delt
- 2 ts grønnsaksbuljong
- 1 middels eple
- 1/2 oz rødvinseddik
- 1/4 kopp soyafri vegenaise
- 1/3 kopp valnøtter
- Salt og pepper

BRUKSANVISNING:
a) Forvarm ovnen til 400 °F.
b) I en middels bolle, visp den varme sausen og 1 ss grønnsaksbuljong for å tilberede Buffalo-saus.
c) Skjær tempeen i 1/4-tommers tykke strimler og bland med Buffalo-sausen for å belegge.
d) Fjern hvitløksfeddene og skjær søtpoteten halvveis på langs, deretter i 4-5 skiver.
e) Kle en stekeplate med folie eller bakepapir. Fjern tempeen fra bollen, rist forsiktig for å fjerne eventuell overflødig saus, og legg på en stekeplate dekket med bakepapir.
f) Kast hvitløksfeddene, søtpotetbåter og 1 ts grønnsaksbuljong på motsatt side av bakeplaten.
g) Dryss salt og pepper over alt på stekeplaten.

h) Stek i minst 22 til 24 minutter eller til Buffalo-tempehen er sprø og søtpotetene er møre.

i) Bland og bland alle ingrediensene til den stekte hvitløksdressingen i en miksebolle.

j) Mos de ristede hvitløksfeddene i en liten bolle. Visp inn gjenværende rødvinseddik, Vegenaise, Dijonsennep og en klype salt og pepper for å lage den stekte hvitløksdressingen.

k) Kast eplesalaten med Buffalo tempeh og blandede greener for å kombinere. Legg ristede søtpotetbåter og kandiserte valnøtter på toppen. Drypp med stekt hvitløksdressing.

SUPPER OG KARRI

42. **Crockpot kyllingsuppe**

Gjør: 8

INGREDIENSER
- 2 ss hakket gressløk
- 3 pund stekt kylling
- ½ ts estragon, hakket
- 2 kopper hakkede tomater
- 1 kopp maiskjerner
- ½ kopp grønn løk, hakket
- 1 ts basilikum, hakket
- ½ kopp skallede erter
- 6 kopper avfettet kyllingbuljong
- ½ kopp søtpotet i terninger
- ½ kopp tørr sherry

BRUKSANVISNING:

a) Stek kyllingbitene i sherry i omtrent 10 minutter i en kjele, og tilsett deretter tomater, mais, grønn løk og søtpoteter.

b) Stek i 5 minutter etter tilsetning av erter, vårløk, basilikum, estragon og chili.

c) Tilsett kyllingbitene, vann og buljong og overfør til en crockpot.

d) Kok på lavt i 1 time.

43. Thai kokos-karri flyndre

Gjør: 6

INGREDIENSER:
- 2 ss rapsolje
- 1 kopp ukokt brun jasminris
- 1 kopp lett kokosmelk på boks
- ¼ kopp fersk basilikum i tynne skiver
- 1½ kopper vann
- 1 kopp hakket grønn paprika
- 2 ss finhakket hvitløk
- 2½ ss Thai rød karripasta
- 1½ pund skinnfrie flyndrefileter
- 2 søtpoteter, skrelt og i terninger
- 14½ unse boks med tomater i terninger, udrenert
- ¼ ts kosher salt

BRUKSANVISNING:

a) Mikrobølgeovn søtpotetene på HIGH i en mikrobølgeovn som kan brukes i 5 til 6 minutter, og stopp å røre etter 3 minutter.

b) I en 6-quart Crockpot, dryss risen med oljen og rør til jevnt belegg.

c) Rør inn tomater, vann, paprika, hvitløk og søtpoteter.

d) Kok, tildekket, på HØYT i 3 timer.

e) Ha kokosmelken og karripastaen forsiktig inn i risblandingen.

f) Kok, dekket, på HIGH i 15 minutter, eller til væsken er absorbert.

g) Legg fisken oppå risblandingen og smak til med salt.

h) Stek, tildekket, på HØYT i 20 minutter, eller til laksen lett flaker seg med en gaffel.

i) Server fisken med risblandingen og dryss over basilikum jevnt.

44. Crockpot Gulrot ingefærsuppe

Gjør: 6

INGREDIENSER
- Klyp kosher salt og malt svart pepper
- 3 fedd hvitløk
- ¼ kopp mynteblader
- 1 ts røkt paprika
- ⅓ kopp tung krem
- 1 søt løk, hakket
- 2 pund gulrøtter, skrelt og hakket
- ⅓ kopp korianderblader
- 2 laurbærblader
- 2 ss limejuice
- 1 søtpotet, skrelt og hakket
- 6 kopper grønnsaksbuljong
- 1 stykke ingefær, skrelt og skåret i skiver
- ¼ teskje røkt paprika

BRUKSANVISNING:

a) Bruk en Crockpot til å blande gulrøtter, søtpoteter, løk, hvitløk, ingefær, paprika, laurbærblader og buljong. Smak til med salt og pepper.

b) Kok på lavt i 1 time.

c) Tilsett limejuice, mynte og koriander.

d) Fjern laurbærbladene og puré dem med en blender.

e) Server med en klatt krem.

45. Bouillonsuppe

Gir: 6 porsjoner

INGREDIENSER
- 2 pund okseskanker, skyllet og tørket
- 4 myke blå krabber valgfritt
- 2 ss fersk limejuice
- ½ ts malt svart pepper
- 1 ss salt
- 2 ss persille hakket
- 2 løkløk finhakket
- 1 kvist timian
- 3 ss hvitløk finhakket
- 2 ¼ kopper universalmel
- 1 kopp vann
- 1 ts salt
- 1 ts malt svart pepper
- ¼ ts søt paprika
- 2 ss olivenolje
- 1 hvit løk hakket
- 1 grønn paprika hakket
- 2 tomater hakket
- 2 malanga eller Yautia. skrelles og kuttes
- 1 grønn plantain skrelles og kuttes
- 4 kopper spinat godt pakket
- 1 chayote skrelles og kuttes
- 2 gulrøtter skrelles og kuttes i skiver
- 2 pastinakk skrelles og kuttes i skiver
- 2 poteter skrelt og i terninger
- 2 mellomstore hvite søtpoteter skrelt og i terninger
- 2 ss biffbuljongpulver
- Klyp hvitløkspulver etter smak
- Klyp salt etter smak

- Klyp pepper etter smak
- ½ av en varm pepper eller ¼ teskje varm saus

BRUKSANVISNING

a) Mariner kjøttet over natten i en bolle med limejuice, persille, salt, sort pepper, hvitløk, løk og timian.
b) Ta ut og kok kjøttet, tilsett vann gradvis.
c) Bland mel, vann, salt, pepper og søt paprika i en bolle.
d) Form dumplings med en skje eller hendene. Legg til side.
e) Hvis du bruker blå krabber, rens dem, ta av skallet og del dem i to langs midten.
f) Legg olje, løk og grønn paprika sammen med dem blå krabber i en stor gryte og varm opp over middels varme i to til tre minutter.
g) Tilsett pastinakk, gulrot, tomater, spinat og chayote. Kok i 4 til 5 minutter.
h) Tilsett 8 kopper vann, dekk til og kok opp.
i) La grønnsakene småkoke i 7 til 8 minutter.
j) Tilsett de andre ingrediensene, inkludert kjøttet og dumplings.
k) Dekk løst til og la det småkoke i 25 til 30 minutter, eller til alle ingrediensene, inkludert dumplings, er gjennomkokt.
l) Serveres varm.

46. Karriedlinser med søtpoteter og kikerter

INGREDIENSER:
- ¼ kopp kokosolje
- 1 stor rødløk, i terninger
- Salt etter smak
- 2 ss karripulver
- 2 ts spisskummen pulver
- 2 ts sennepsfrø
- 1 ts malt koriander
- 8 gram brune linser
- 3 mellomstore søtpoteter
- 4 kopper kyllingbeinbuljong (2 kartonger)
- 1 (28-oz) boks ildstekte tomater i terninger
- 1 (28-oz) boks kikerter, drenert
- Frisk hakket persille til garnering

BRUKSANVISNING:

a) Varm kokosolje over middels varme i en stor kjele i ca 1 minutt.

b) Tilsett løk og en klype salt. Stek til løken er gjennomsiktig.

c) Tilsett karripulver, spisskummen, sennepsfrø og koriander og kok i 1 minutt, rør ofte.

d) Rør inn linser, søtpoteter, buljong og tomater. Kok opp og la det småkoke i 25 minutter, dekket, eller til linsene og søtpotetene er møre.

e) Rør inn kikerter og kok til de er gjennomvarme, ca 2 minutter.

f) Anrett og pynt med hakket persille. Nyt!

47. Meksikansk biff og søtpotetbuljongsuppe

INGREDIENSER:
- 1 ss raffinert avokadoolje eller olivenolje
- 1-kilos magert lapskausbiff
- 1 ts kosher salt
- 1 kopp hakket løk
- 1 ts finhakket hvitløk
- 1 kopp hakket søt paprika
- 2 kopper søtpotet, skrelt og hakket
- 1 ts chilipulver
- 1 ts tørket oregano
- 1 ts malt spisskummen
- 14 gram rød salsa
- Kyllingbuljong, 2 kopper
- 2 ts limejuice
- ⅓ kopp hakket koriander
- Kosher salt etter smak
- Malt svart pepper etter smak

BRUKSANVISNING:

a) Varm opp en stor støpejernspanne over høy varme.

b) Tilsett lapskaus og strø over salt. Rør biff til det er brunt, 5 minutter. Fjern kjøttet med en hullsleiv og overfør det til en tallerken. Sette til side.

c) Legg løk, hvitløk og paprika i pannen over middels høy varme og rør av og til til løk og hvitløk er duftende og paprika er møre eller ca. 5 minutter.

d) Tilsett søtpotet, chilipulver, oregano, spisskummen, buljong og salsa. Bland grundig. Kok opp. Deretter, dekk til og la det småkoke i 30 minutter eller til søtpotetene er gaffelmøre.

e) Rør inn limejuice, koriander, salt og pepper. La det bli gjennomvarmt over svak varme, ca 4 minutter.

f) Hell buljongsuppen i tilberedte krukker, enten halvliter eller liter, etterlater 1-tommers headspace.

g) Forsegle med 2-delte hermetikklokk til fingertette.

h) Behandle glassene i den forvarmede trykkbeholderen i 40 minutter.

i) Når behandlingstiden: er fullført, slå av varmen og la hermetikken komme til romtemperatur naturlig.

j) Når det er avkjølt, fjern glassene fra hermetikkbeholderen og kontroller forseglingen.

48. Søtpotet og Tequila suppe

Gir: 4 porsjoner

INGREDIENSER:
- 3 mellomstore søtpoteter
- 4 ss tequila
- ¼ kopp usaltet smør; romtemp.
- Frisk revet muskatnøtt etter smak
- ½ ts salt
- Nykvernet hvit pepper etter smak

BRUKSANVISNING:

a) Skrubb uskrellede søtpoteter, kutt i store biter og kok i lettsaltet kokende vann til de er møre. Hell deretter av vann, dekk til pannen og la potetene "fluffe" i ca 5 minutter.

b) Skrell poteter raskt, tilsett 2 ss tequila, smør og muskatnøtt. Pisk med en elektrisk mikser eller bearbeid i en foodprosessor til en jevn masse.

c) Smak til og tilsett salt, hvit pepper og 2 ss til tequila, om ønskelig. Serveres varm. Gir 4 til 6 porsjoner.

49. Rød bønnegryte fra Jamaica

Gir: 4 porsjoner

INGREDIENSER
- 1 gul løk, hakket
- 2 gulrøtter, kuttet i skiver
- ½ kopp vann
- 13,5 unse boks med kokosmelk
- 2 fedd hvitløk, finhakket
- ¼ ts sort pepper
- 1 søtpotet, skrelt og i terninger
- 3 kopper kokte mørkerøde kidneybønner, drenert og skylt
- 1 ss olivenolje
- 1 ts varmt eller mildt karripulver
- 1 ts tørket timian
- ¼ ts malt allehånde
- ½ teskje lavnatriumsalt
- 14,5 unse boks med tomater i terninger, drenert

BRUKSANVISNING

a) Varm oljen i en kjele og stek løk og gulrøtter i ca 4 minutter.

b) Tilsett hvitløk, søtpotet og rød pepper etterfulgt av kidneybønner, tomater, karripulver, timian, allehånde, salt og sort pepper.

c) Rør inn vannet og la det småkoke under lokk i 30 minutter.

d) Rør inn kokosmelken rett på slutten.

50. Kyllingsuppe

Forberedelsestid: 25 minutter
Tilberedningstid: 1 time og 15 minutter
Gir: 6 porsjoner

INGREDIENSER
- 1½ -2 pund kylling, kuttet i biter
- 10 kopper vann 2 ½ liter
- 1 pund gresskar kan bruke 1 butternut squash, hakket
- 2 poteter irske eller søtpoteter, hakket
- 1 Chocho hakket
- 2 gulrøtter hakket
- 2 kålløk hakket
- 6 kvister timian
- Skotsk panser
- 8 pimentbær

FOR DUMPLING OG SPINNERE
- 2 kopper glutenfritt mel 260g
- ½ kopp vann
- ½ ts rosa salt

BRUKSANVISNING

a) Kok opp en kjele med vann.

b) Tilsett kyllingen, halvparten av gresskaret eller squashen og pimentbærene.

c) Kok blandingen i 30 minutter med lokk på, eller til kyllingen er gjennomstekt og squashen eller gresskaret er mykt.

d) Bruk en gaffel til å mose gresskaret eller squashen.

e) For å lage dumplings, bland mel og rosa salt i en middels bolle, og tilsett deretter vannet gradvis.

f) Bland vannet og melet til en deigball.

g) Ta en liten bit av deigen og rull den inn i håndflaten.

h) Form deigen til skiver for å lage dumplings som vanligvis dannes.

i) Plasser hver spinner og dumpling forsiktig i den kokende buljongen.

j) Tilsett det gjenværende gresskaret eller squashen, løken, Chocho, poteter, gulrøtter, timian, hjemmelaget hanesuppeblanding og skotsk panser.

k) Dekk til kjelen, og la suppen småkoke i 45 minutter eller til den tykner.

51. Mais suppe

Forberedelsestid: 10 minutter
Tilberedningstid: 1 time og 35 minutter
Gir: 6 porsjoner

INGREDIENSER:
- 1½ pund saltede grisehaler kuttet i biter og kokt
- 1 ¼ kopper gule delte erter, vasket
- 5 ¼ kopper vann
- 4 fedd hvitløk, knust
- 2 ss kokosolje
- 6 kvister fersk timian
- 1 løk, i terninger
- 2 stilker selleri, i terninger
- ¼ kopp hakket fersk persille
- 3 løkløk, hakket
- 3 Pimiento-pepper, i terninger
- 2 Red Bird's Eye Chili Pepper
- 3 ss hakkede korianderblader
- ¼ teskje nykvernet svart pepper
- 2 kopper gresskar i terninger
- 2 kopper terninger av søtpoteter
- 2 kopper kyllingkraft
- 1½ kopper kokosmelk
- 2 gulrøtter, i terninger
- 4 Mais kuttet i biter
- 1 boks kremet mais
- 1 kopp frossen mais
- 1 kopp universalmel
- 1 klype salt

BRUKSANVISNING:

a) Kombiner de kokte pigtails med gule splitterter og hvitløk og kok opp.

b) La småkoke i 35-40 minutter eller til ertene er møre.

c) Varm kokosolje over middels flamme, og tilsett deretter løk, løk, fersk timian, pimiento-pepper, korianderblader, fersk persille, rød fugleøye chilipepper, selleri og nykvernet svart pepper. Kok i ca 4-5 minutter.

d) Tilsett søtpoteter, gresskar og gulrøtter og rør godt. Tilsett så kyllingkraften og la det koke i ca 25 minutter.

e) Tilsett ertene/pigtailen i suppegryten, og rør godt.

f) Tilsett kokosmelk, frossen mais og kremet mais.

g) La småkoke i ytterligere 20 minutter.

h) Ha vann, universalmel og salt i en bolle og elt til en myk deig. La deigen hvile i ca 5 minutter.

i) Del i 3 mindre kuler og rull hver del ut til et tykt sugerør, sylinder.

j) Skjær i passe biter, og legg i den kokende suppen.

k) Tilsett de kuttede maisbitene og stek i ca 5 minutter.

52. Lakse grønnsaksuppe

Porsjoner: 4 porsjoner

INGREDIENSER:
- 2 laksefileter, skinn fjernet og kuttet i passe biter
- 1 ½ kopper hvitløk, finhakket
- 1 ½ kopp søtpotet, skrelt og i terninger
- 1 kopp brokkolibuketter, kuttet i små biter
- 3 kopper kyllingbuljong
- 2 kopper helmelk
- 2 ss universalmel
- 1 ts tørket timian
- 3 ss usaltet smør
- 1 laurbærblad
- Salt og pepper etter smak
- Flat persille, finhakket

BRUKSANVISNING:

a) Kok hakket løk i usaltet smør til den er gjennomsiktig. Rør inn mel og bland godt med smør og løk. Hell i kyllingbuljong og melk, tilsett deretter søtpotetterninger, laurbærblad og timian.

b) La blandingen småkoke i 5-10 minutter mens du rører av og til.

c) Tilsett laks og brokkolibuketter. Kok deretter i 5-8 minutter.

d) Smak til med salt og pepper og juster smaken ved behov.

e) Ha over i små individuelle boller og pynt med hakket persille.

53. Kvernet bison- og grønnsaksstuing

Porsjoner: 5-6

Ingredienser
- 1 lb. malt bison
- 1-2 ss avokadoolje
- 3 store gulrøtter (2 kopper), hakket
- 3 selleristilker (1 kopp), i skiver
- 2 store hvite søtpoteter (2 kopper), hakket
- 1/2 ts salt
- 2 ts gurkemeie
- 3 kopper kyllingbuljong
- 1 1/2 kopper butternut squash, purert
- 3 kopper grønnkål, hakket
- Frisk persille, topping (valgfritt)

Veibeskrivelse

a) Varm en stor panne over middels varme og tilsett den malte bisonen, del i biter. Når kjøttet er ferdig stekt, ta det ut av pannen og sett til siden.

b) Varm avokadooljen i en stor kjele på middels varme. Når det er varmt, tilsett hakkede gulrøtter og selleri. Stek i ca 8 minutter.

c) Tilsett de hvite søtpotetene, salt og gurkemeie og bland ingrediensene. Fortsett å koke ingrediensene på middels varme, rør med jevne mellomrom, i ytterligere 10 minutter eller til grønnsakene har myknet litt.

d) Tilsett buljong, purert butternut squash, grønnkål og bison. Rør alle ingrediensene sammen og sett på lav-middels varme, la lapskausen småkoke i omtrent 30 minutter.

e) Når lapskausen er klar, server varm og topp med fersk persille om ønskelig.

54. Kokosbiff karri

SERVERINGER: 4

INGREDIENSER:
- 1 ½ lbs. biff, kuttet i biter
- ½ kopp basilikum, i skiver
- 2 ss brunt sukker
- 2 ss fiskesaus
- ¼ kopp kyllingkraft
- ¾ kopp kokosmelk
- 2 ss karripasta
- 1 løk, i skiver
- 1 paprika, i skiver
- 1 søtpotet

BRUKSANVISNING:
a) Kombiner alle ingrediensene unntatt basilikum i instantgryten og rør godt.
b) Kok på høy i 15 minutter etter å ha forseglet kjelen med lokk.
c) La trykket slippe naturlig før du åpner lokket.
d) Tilsett basilikum og bland godt.
e) Tjene.

55. Søtpotet og gresskarsuppe

Gir 4 til 6 porsjoner

INGREDIENSER:
- 1 lite gresskar (ca 2 pund)
- 1 ts ekstra virgin olivenolje
- 5 kopper grønnsakskraft, [hjemmelaget](#) eller kjøpt i butikk
- 1 (2-tommers) kanelstang
- ½ ts grovt havsalt
- 2 søtpoteter (omtrent 1½ pund totalt), skrellet og kuttet i 1-tommers biter
- 1 kopp [Kremte cashewnøtter](#)
- Nykvernet hvit pepper

BRUKSANVISNING:

a) Forvarm ovnen til 275°F. Kle en liten, kantmet stekeplate med bakepapir.

b) Skjær toppen av gresskaret og ta ut frøene. (Det er greit hvis frøene har noen rester av squash på seg.) Ha frøene i en liten bolle, ringle over oljen og bland til de er jevnt dekket.

c) Fordel frøene i et enkelt lag på den kledde bakeplaten og stek i ca. 15 minutter, til de er lett brune, rør hvert 5. minutt for jevn matlaging. Sette til side.

d) I mellomtiden skrell gresskaret og skjær det i 1-tommers biter. Ha kraften, kanelstangen og saltet i en stor kjele på middels varme og la det småkoke. Kok i 5 minutter, og tilsett deretter gresskaret og søtpotetene. Øk varmen til høy og kok opp.

e) Reduser varmen umiddelbart til middels lav, dekk til og la det småkoke, rør av og til, til grønnsakene er gaffelmøre, ca. 35 minutter. Rør inn cashewkremen.

f) Bruk en standard blender og kjør i partier, eller bruk en stavmikser, bland suppen til den er jevn. Hell suppen tilbake i kasserollen og kok på middels lav varme, rør av og til, til den er gjennomvarme.

g) Fortynn eventuelt med vann slik at suppen lett helles fra en skje. Smak til med salt og pepper etter smak. Server pyntet med de ristede gresskarkjernene.

56. [Thai søtpotet karri](#)

Gjør: 4-5

INGREDIENSER:
- Olje: 1 ss
- Sjalottløk: 2, i tynne skiver
- Søtpoteter: 2 (skrellet og i terninger)
- Fersk babyspinat: 3-4 kopper
- Karripasta: 2-3 ss
- Vanlig kokosmelk: 1 (14 unser)
- Buljong eller vann: ½-1 kopp
- Peanøtter og koriander: ½ kopp (hakket)
- Soyasaus: etter smak

BRUKSANVISNING:
a) Hvitløk, sjalottløk og ingefær skal alle stekes.
b) I en foodprosessor blander du alle ingrediensene og litt krydder, sitrongresspasta og koriander.
c) Varm oljen til middels høy temperatur.
d) Rør inn sjalottløk og søtpoteter for å dekke dem i olje.
e) Rør inn karripastaen til den er godt blandet.
f) Tilsett spinaten til den er helt visnet.
g) Tilsett peanøtt/korianderblanding, og behold litt til garnering.
h) Tilsett soyasaus.
i) Server med de resterende peanøttene/koriander på toppen av risen.

57. Thai Curry Hot Pot

Gjør: 8-10

INGREDIENSER:
INGREDIENSER FOR HOT POT BRUTH:
- Olivenolje: 1 ss
- Hvitløksfedd: 5, finhakket
- Fersk ingefær: 1 tomme (kuttet i tykke skiver)
- Grunnleggende grønnsakskraft: 8 kopper
- Kokosmelk: 3 bokser (15 gram)
- Thai Kitchen rød karripasta: 4-6 ss (etter smak)

VARME GRYTE-DIPPERS OG TOPPINGREDIENSER:
- Sprø tofu
- Nudler / ris
- Skiver paprika, søtpoteter, brokkoli, gulrøtter, løk, erter, blomkål, squash, sopp Grønt
- Kål, baby bok choy, grønnkål, spinat eller collard Toppings
- Friske urter
- Fersk chili
- Ristede kokosflak
- Limeskiver
- Grønn løk: i tynne skiver

BRUKSANVISNING:

a) Varm opp olivenolje i en stor gryte.

b) Tilsett hvitløk og ingefær og stek.

c) Rør inn grønnsakskraft og kokosmelk til alt er godt blandet.

d) Visp deretter inn 3 til 4 ss karripasta til den er helt oppløst.

e) Smak til, og tilsett eventuelt mer karripasta.

f) Dekk til og kok i 5 minutter på lav varme. Etter det tar du ut ingefærskivene.

g) La småkoke til du skal servere.

h) Tilsett dine foretrukne dippere, kok opp og sil dem over i bollene med en sil.

i) Fyll hver serveringsbolle med en sleiv buljong.

j) Pynt med foretrukket pålegg og server varm.

58. Krydret søtpotet grønnkål Cannellini-suppe

Gjør: 12

INGREDIENSER:
- Parmesanost (revet) 1 kopp
- Giardiniera 1/2 kopp
- Olivenolje etter behov
- Kraftig kremfløte 1/2 kopp
- Frisk grønnkål (hakket) 3 kopper
- Cannellini bønner (trent og skylt) 2 kopper
- Grønnsaksbuljong 1¾ kopper
- Pepper 1/4 ts
- Salt 1/2 ts
- Rød pepperflak (knust) 1 ts
- Salvie (gnidd) 1 ts
- Granny Smith-epler, medium (hakket og skrellet) 2
- Søtpoteter, medium (terninger) 5
- Honning 1 teskje
- Hvitløksfedd (hakket) 3
- Løk, middels (finhakket) 1
- Olivenolje 2 ss

BRUKSANVISNING:

a) Ta en 6-liters kjele og varm oljen i den over middels høy flamme.

b) Tilsett løken og stek og bland i 7 til 8 minutter til de blir møre.

c) Tilsett hvitløken og stek i 1 minutt til. Bland inn buljong, krydder, honning, epler og søtpoteter.

d) Kok den og senk varmen. La det småkoke og dekke i en halvtime til potetene blir møre.

e) Bruk en stavmikser til å purere suppen eller avkjøl suppen litt og purer den i porsjoner i en blender. Legg den tilbake i pannen.

f) Tilsett grønnkål og bønner og kok det. Hold den utildekket over middels varme i 15 minutter til grønnkålen blir mør. Rør med jevne mellomrom.

g) Rør inn kremen og server med påleggene som du ønsker.

59. Søtpotet kyllinggryte

Gjør: 8

INGREDIENSER:
- Brun ris (varm og kokt) som du vil
- Cayennepepper 1/4 ts
- Tørket timian (delt) 1/2 ts
- Peanøttsmør (kremaktig) 1/4 kopp
- Kyllingbuljong (redusert natrium) 1 kopp
- Søtpotet, stor (skrelt og kuttet 1-tommers terninger) 1
- knuste tomater 3 ½ kopper
- Svartøyde erter (drenert og skylt) 2 kopper
- Frisk ingefærrot (hakket) 2 ss
- Hvitløksfedd (hakket) 6
- Løk, medium (tynne skiver) 1
- Canolaolje (delt) 3 ts
- Pepper 1/4 ts
- Salt 1/2 ts
- Kyllingbryst (skinnfri, benfri og i terninger) 2 kopper

BRUKSANVISNING:

a) Dryss litt pepper og salt over kyllingen. Stek kyllingen over middels varme i to teskjeer av oljen i 5 minutter i en nederlandsk ovn til kyllingen ikke lenger er rosa; Ta kyllingen ut av ovnen og legg den til side.

b) I samme panne surrer du løken i oljen som er igjen til den blir mør. Tilsett ingefær og hvitløk; kok i ett minutt til.

c) Rør inn cayenne, 1¼ ts timian, peanøttsmør, buljong, søtpotet, tomater og erter.

d) Kok dem og senk varmen; dekk til og la det småkoke i 15 til 20 minutter til poteten blir mør. Tilsett kyllingen og varm godt gjennom.

e) Om ønskelig, server den med ris. Dryss over med timianen som er igjen.

60. Søtpotet linsestuing

Gjør: 6

INGREDIENSER:
- Frisk koriander (hakket) 1/4 kopp
- Grønnsaksbuljong 5¼ kopper
- Cayennepepper 1/4 ts
- Ingefær, malt 1/4 ts
- Spisskummen, malt 1/2 ts
- Hvitløksfedd (hakket) 4
- Løk, middels (hakket) 1
- Gulrøtter, middels (kuttet i biter 1 tomme) 3
- Tørkede linser (skyllet) 1½ kopper
- Søtpoteter, middels 2¼ kopper

BRUKSANVISNING:
a) Ta en 3-quart komfyr (sakte) og samle de siste ni ingrediensene.
b) Kok dem, men ikke dekk til.
c) Kok på lav varme i 5 til 6 timer til linsene og grønnsakene blir møre. Bland inn koriander.

61. Callaloo suppe

Forberedelsestid: 20 minutter
Koketid: 1 time
Gir: 4-6 porsjoner

INGREDIENSER
- 6 kopper callaloo eller spinat
- 1½ kopper søtpotet i terninger
- 1½ kopper butternut squash, i terninger
- 1 løk i skiver
- 4 hvitløksfedd finhakket
- ½ spiseskje tørket timian
- ¼ av en skotsk panser ikke for mye
- 1 ts Himalaya rosa salt
- 1 løk eller 3 hakket
- ¼ teskje svart pepper
- 4-5 okra i skiver
- 2 kopper grønnsakskraft
- 2 kopper kokosmelk
- 2 ss kokosolje

BRUKSANVISNING

a) Forvarm en tykk kasserolle over middels varme før du tilsetter kokosolje.

b) Surr hvitløk, løk og løk i ett minutt, eller til løken er mør.

c) Tilsett terninger av butternut, søtpotet og okra.

d) La grønnsakene svette i pannen i to til tre minutter, rør hele tiden for å unngå brentning.

e) Tilsett panseret, timian, salt og pepper mens du blander grønnsakene.

f) Tilsett spinat eller callaloo i pannen.

g) Tilsett kokosmelk og grønnsakskraft, og skru deretter ned varmen.

h) Dekk kjelen med lokk og la blandingen småkoke til den tykner, opptil en time.

i) Når ønsket tykkelse er oppnådd, kan du pulse med en stavmikser for å oppnå en mer suppeaktig konsistens.

62. Kikertsøtpotetstuing

Gjør: 4

INGREDIENSER:
- 15 oz kikerter, drenert og skylt
- 2 kopper søtpotet, skrelt og i terninger
- 4 ss grønnsaksbuljong
- 15 oz brannstekt knust tomat, 1 boks
- 3 fedd hvitløk, finhakket
- 1 liten løk, i terninger
- 1 ts ingefær, finhakket
- 3 kopper grønnsaksbuljong
- 5 oz fersk spinat
- 1/4 ts tørket koriander
- 1/8 ts cayennepeper
- 1 ss søt paprika
- 1/2 ts spisskummen

BRUKSANVISNING:
a) Varm opp grønnsaksbuljongen over middels varme i en stor gryte eller ovn. Når buljongen småkoker, stek løken i 4-5 minutter eller til den er gjennomsiktig.
b) Rør inn hvitløk og ingefær i minst 2 til 3 minutter. Kok og rør det av og til til det dufter, og tilsett deretter søt paprika, spisskummen, koriander og cayenne.
c) Kok opp kikerter, søtpoteter, knuste tomater og grønnsaksbuljong i en kjele. Reduser varmen til middels lav og la søtpotetene koke i 15-20 minutter, eller til de er møre.
d) Rør inn spinaten til den er myk. Server umiddelbart.

63. Kokos karri linser

Gjør: 10

INGREDIENSER:
- 2 kopper brune linser
- 14 oz boks kokosmelk, full fett
- 3 ss karripulver
- 2 fedd hvitløk
- 1 gul løk
- 15 oz tomatsaus
- 1 3/4 lb søtpotet
- 3 kopper grønnsaksbuljong
- 2 gulrøtter
- 15 oz petite tomater i terninger
- 1/4 ts malt nellik

TIL SERVERING
- 1/2 rødløk
- 1/2 haug fersk koriander
- 10 kopper kokt ris

BRUKSANVISNING:

a) Finhakk hvitløken og skjær løken i terninger. Skjær de skrellede gulrøttene og skjær søtpoteten i ¼ til ½-tommers terninger.

b) I en langsom komfyr kombinerer du hvitløk, løk, søtpotet, gulrøtter, linser, karripulver, nellik, hakkede tomater, tomatsaus og grønnsaksbuljong. Rør alt sammen.

c) Sett slow cooker-innstillingen til høy i 4 timer eller lav i 7-8 timer. Når linsene er ferdige skal de være møre og mesteparten av væsken absorbert.

d) Bland linsene og kokosmelken i en miksebolle. Tilpass saltet eller andre krydder etter smak.

e) For servering, legg 1 kopp kokt ris i en bolle, etterfulgt av 1 kopp linseblanding.

f) Server pyntet med finhakket rødløk og frisk koriander.

PASTA

64. Kastanje og søtpotet Gnocchi

Gir: 4 porsjoner

INGREDIENSER:
GNOCCHI
- 1 + ½ kopp stekt søtpotet
- ½ kopp kastanjemel
- ½ kopp helmelk ricotta
- 2 ts kosher salt
- ½ kopp glutenfritt mel
- Hvit pepper etter smak
- Røkt paprika etter smak

SVAMP OG KASTANJE RAGU
- 1 kopp knappsopp, kuttet i 4
- 2-3 portobellosopp, kuttet i fine strimler
- 1 brett shimeji-sopp (hvit eller brun)
- ⅓ kopp kastanje, i terninger
- 2 ss smør
- 2 sjalottløk, finhakket
- 2 fedd hvitløk, finhakket
- 1 ts tomatpuré
- Hvitvin (etter smak)
- Kosher salt (etter smak)
- 2 ss frisk salvie, finhakket
- Persille etter smak

Å BLI FERDIG
- 2 ss olivenolje
- Parmesanost (etter smak)

BRUKSANVISNING:

GNOCCHI

a) Forvarm ovnen til 380 grader.

b) Stikk hull i søtpotetene med en gaffel.

c) Legg søtpotetene på et bakepapir med rander og stek i ca 30 minutter, eller til de er møre. La avkjøles litt.

d) Skrell søtpotetene og overfør dem til en foodprosessor. Puré til glatt.

e) I en stor bolle, kombinere de tørre ingrediensene (kastanjemel, salt, glutenfritt mel, hvit pepper og røkt paprika), og ha dem ved siden av.

f) Overfør søtpotetpuréen til en stor bolle. Tilsett ricottaen og tilsett ¾ av den tørkede blandingen. Ha deigen over på en tungt melet arbeidsflate og elt forsiktig inn mer mel til deigen kommer sammen, men fortsatt er veldig myk.

g) Del deigen i 6-8 stykker og rull hver del til et 1-tommers tykt tau.

h) Kutt tauene i 1-tommers lengder og dryss hver del med glutenfritt mel.

i) Rull hver gnocchi mot tindene på en melet gaffel for å lage små fordypninger.

j) Oppbevar den på et brett i kjøleren til du er klar til å bruke den.

SVAMP OG KASTANJE RAGU

k) I en varm panne, smelt smøret og tilsett en klype salt.

l) Tilsett sjalottløk, hvitløk og salvie og fres i 10 minutter til sjalottløken er gjennomsiktig.

m) Tilsett all soppen og fres på høy varme under konstant omrøring.

n) Tilsett tomatpuré og hvitvin og la det redusere til soppen er myk og mør.

o) Topp raguen med fersk hakket persille og kastanjer i terninger. Sette til side.

Å BLI FERDIG

p) Kok opp en stor kjele med saltet vann. Tilsett søtpotetgnocchi og kok til de flyter til overflaten, ca 3-4 minutter.
q) Bruk en hullsleiv til å overføre gnocchiene til en stor tallerken. Gjenta med de resterende gnocchiene.
r) Smelt 2 ss olivenolje i en stor sautépanne.
s) Tilsett gnocchi, rør forsiktig, til gnocchien er karamellisert.
t) Tilsett sopp Ragu og tilsett noen spiseskjeer av gnocchivannet.
u) Rør forsiktig og la det koke i 2-3 minutter på høy varme.
v) Server med et dryss parmesanost på toppen.

65. Bucatini med pesto og søtpoteter

Gjør at: 4 porsjoner
INGREDIENSER:
- 1 søtpotet, skrelt og kuttet i terninger
- 1 rødløk, kuttet i små terninger
- 1/3 kopp + 2 ss. olivenolje, jevnt fordelt
- Dæsj salt og sort pepper
- 4 kopper grønnkål, fersk og revet
- ½ kopp persille, flatt blad og frisk
- 2 gram parmesanost, nyrevet og ekstra til servering
- 1 fedd hvitløk
- 2 teskjeer. av sitronskall
- 1 ½ ss. av sitronsaft, fersk
- 12 gram bucatini
- Pinjekjerner, lett ristet og til servering

BRUKSANVISNING:

a) Varm først opp ovnen til 425 grader.

b) Mens ovnen varmes opp, bruk en stor stekeplate og tilsett poteter i terninger, løkkiler og to spiseskjeer olivenolje. Kast for å blande. Smak til med en dæsj salt og sort pepper.

c) Sett inn i ovnen for å steke i 24 til 26 minutter eller til potetene og løkskivene er myke.

d) I løpet av denne tiden legger du grønnkålen og hakket persille i en foodprosessor. Puls 5 ganger eller til den er hakket. Tilsett deretter parmesanost, hvitløksfedd, fersk sitronskall og fersk sitronsaft. Puls igjen 12 ganger til.

e) Drypp sakte den resterende 1/3 koppen olivenolje inn i blandingen og fortsett å pulsere. Smak til med en dæsj salt og sort pepper.

f) Kok deretter pastaen i kokende vann til den er myk. Når den er kokt, tøm pastaen og sett til side. Sørg for å reservere ¼ kopp av pastavannet.

g) Tilsett den kokte pastaen, nylaget pesto og stekte grønnsaker i en stor bolle. Kast for å blande. Hell i pastavannet og bland igjen for å blande.

h) Server umiddelbart med en topping av parmesanost og de ristede pinjekjernene.

66. [Kastanje og søtpotet Gnocchi](#)

Gir: 4 porsjoner

INGREDIENSER:
GNOCCHI
- 1 + ½ kopp stekt søtpotet
- ½ kopp kastanjemel
- ½ kopp helmelk ricotta
- 2 ts kosher salt
- ½ kopp glutenfritt mel
- Hvit pepper etter smak
- Røkt paprika etter smak

SVAMP OG KASTANJE RAGU
- 1 kopp knappsopp, kuttet i 4
- 2-3 portobellosopp, kuttet i fine strimler
- 1 brett shimeji-sopp (hvit eller brun)
- 1/3 kopp kastanje, i terninger
- 2 ss smør
- 2 sjalottløk, finhakket
- 2 fedd hvitløk, finhakket
- 1 ts tomatpuré
- Hvitvin (etter smak)
- Kosher salt (etter smak)
- 2 ss frisk salvie, finhakket
- Persille etter smak

Å BLI FERDIG
- 2 ss olivenolje
- Parmesanost (etter smak)

BRUKSANVISNING:

GNOCCHI

a) Forvarm ovnen til 380 grader.

b) Stikk hull i søtpotetene med en gaffel.

c) Legg søtpotetene på et bakepapir med rander og stek i ca 30 minutter, eller til de er møre. La avkjøles litt.

d) Skrell søtpotetene og overfør dem til en foodprosessor. Puré til glatt.

e) I en stor bolle, kombinere de tørre ingrediensene (kastanjemel, salt, glutenfritt mel, hvit pepper og røkt paprika), og ha dem ved siden av.

f) Overfør søtpotetpuréen til en stor bolle. Tilsett ricottaen og tilsett ¾ av den tørkede blandingen. Ha deigen over på en tungt melet arbeidsflate og elt forsiktig inn mer mel til deigen kommer sammen, men fortsatt er veldig myk.

g) Del deigen i 6-8 stykker og rull hver del til et 1-tommers tykt tau.

h) Kutt tauene i 1-tommers lengder og dryss hver del med glutenfritt mel.

i) Rull hver gnocchi mot tindene på en melet gaffel for å lage små fordypninger.

j) Oppbevar den på et brett i kjøleren til du er klar til å bruke den.

SVAMP OG KASTANJE RAGU

k) I en varm panne, smelt smøret og tilsett en klype salt.

l) Tilsett sjalottløk, hvitløk og salvie og fres i 10 minutter til sjalottløken er gjennomsiktig.

m) Tilsett all soppen og fres på høy varme under konstant omrøring.

n) Tilsett tomatpuré og hvitvin og la det redusere til soppen er myk og mør.

o) Topp raguen med fersk hakket persille og kastanjer i terninger. Sette til side.

Å BLI FERDIG

p) Kok opp en stor kjele med saltet vann. Tilsett søtpotetgnocchi og kok til de flyter til overflaten, ca 3-4 minutter.

q) Bruk en hullsleiv til å overføre gnocchiene til en stor tallerken. Gjenta med de resterende gnocchiene.

r) Smelt 2 ss olivenolje i en stor sautépanne.

s) Tilsett gnocchi, rør forsiktig, til gnocchien er karamellisert.

t) Tilsett sopp Ragu og tilsett noen spiseskjeer av gnocchivannet.

u) Rør forsiktig og la det koke i 2-3 minutter på høy varme.

v) Server med et dryss parmesanost på toppen.

SIDER

67. Lime og tequila søtpoteter

Gir: 1 porsjoner

INGREDIENSER:
- 2 pund søtpoteter; skrelles
- ¼ kopp fersk limejuice
- 2 ss honning
- 1 ss tequila

BRUKSANVISNING:

a) Skjær søtpoteter i ¾ tomme tykke skiver. Kok skiver i en stor panne på høy varme i ca 6 minutter. Avløp. Søtpoteter skal være akkurat møre. Bland limejuice, honning og tequila i en bolle.

b) Pensle over poteter. Grill på smurt rist i 4 til 6 minutter. Pensle gjentatte ganger med blandingen og vend ofte. Søtpoteter er ferdige når de er brunet.

68. Søtpotetbaconmos

Gjør: 4

INGREDIENSER:
- 3 søtpoteter, skrelt
- 4 gram bacon, hakket
- 1 kopp kyllingkraft
- 1 ss smør
- 1 ts salt
- 2 gram parmesan, revet

BRUKSANVISNING:
a) Del søtpotet i terninger og ha den i pannen.
b) Tilsett kyllingkraft og lukk lokket.
c) Kok grønnsakene til de er myke.
d) Etter dette, renn av kyllingkraften.
e) Mos søtpoteten med hjelp av potetstapperen. Tilsett revet ost og smør.
f) Bland sammen salt og hakket bacon. Stek blandingen til den er sprø (10-15 minutter).
g) Tilsett kokt bacon i søtpotetmosen og bland sammen med hjelp av skjeen.
h) Det anbefales å servere måltidet varmt eller varmt.

69. Stekte søtpoteter med parmesan

Gjør: 2

INGREDIENSER:
- 2 søtpoteter, skrelt
- ½ gul løk, i skiver
- ½ kopp krem
- ¼ kopp spinat
- 2 gram parmesanost, strimlet
- ½ ts salt
- 1 tomat
- 1 ts olivenolje

BRUKSANVISNING:
a) Hakk søtpotetene.
b) Hakk tomaten.
c) Hakk spinaten.
d) Spray luftfryrebrettet med olivenolje.
e) Legg så på laget av den hakkede søtpoteten.
f) Legg på laget av skivet løk.
g) Etter dette drysser du den skivede løken med hakket spinat og tomater.
h) Dryss gryten med salt og revet ost.
i) Hell fløte.
j) Forvarm luftfryreren til 390 F.
k) Dekk luftfryrebrettet med folien.
l) Kok gryten i 35 minutter.

70. Søtpoteter med tamarind

Gjør: 4

INGREDIENSER:
- 1 ss fersk sitronsaft
- 4 søtpoteter, skrelt og i terninger
- ¼ teskje svart salt
- 1½ ss Tamarind Chutney
- ½ ts spisskummen frø, stekt og grovt banket

BRUKSANVISNING:
a) Kok søtpoteter i 7 minutter i saltet vann, til de er møre.
b) Hell av og sett til avkjøling.
c) Bland alle ingrediensene i en miksebolle og bland forsiktig.
d) Server i boller med tannpirkere i søtpotet i terninger.

71. Høstgrønnsaker på grillen

Gjør: 1 porsjon

Ingredienser
- 2 poteter, i terninger
- 1 Acorn squash, i terninger
- ¼ kopp smør; smeltet
- 1 ss timian
- Salt og pepper etter smak
- 2 søtpoteter, i terninger
- 3 ss vegetabilsk olje

Veibeskrivelse
a) Forbered grillen for indirekte grilling.
b) Kombiner grønnsaker, olje, salt og pepper i en miksebolle.
c) På en liten tallerken kombinerer du smøret og timianen.
d) Legg grønnsakene på grillen.
e) Kok i 15 minutter med toppen lukket.
f) Snu, pensle med smør- og timianblandingen og stek videre i 15 minutter til grønnsakene er myke.

72. Chimichurri grillede grønnsaker

Gir 4 porsjoner

Ingredienser
- 1/2 kopp olivenolje
- 2 ts fersk timian
- 2 sjalottløk, delt i kvarte
- 3 fedd hvitløk, knust
- 1/3 kopp friske bladpersille
- 1/4 kopp friske basilikumblader
- 1/2 ts salt
- 2 ss fersk sitronsaft
- 1 rødløk, delt i kvarte
- 1 søtpotet, skrelt og i terninger
- 1 zucchini, kuttet diagonalt
- 2 modne plantains, halvert på langs
- 1/4 ts sort pepper

Veibeskrivelse
a) Forvarm grillen.
b) Finhakk sjalottløk og hvitløk i en foodprosessor.
c) Puls til persille, basilikum, timian, salt og pepper er finhakket. Bearbeid til sitronsaft og olivenolje er godt blandet. Flytt til en liten bolle.
d) Pensle grønnsakene med Chimichurri-sausen.
e) Legg dem på grillen for å lage mat.
f) Fortsett å grille til grønnsakene er myke, 10 til 15 minutter for alt unntatt plantainene, som skal være ferdig på 7 minutter.
g) Server umiddelbart med en dæsj av sausresten.

73. Stekt-hvitløk søtpoteter

4 porsjoner

Ingredienser
- 1-1/2 pund uskrellede søtpoteter, kuttet i 1/2-tommers biter
- 12 fedd hvitløk, skrelt og delt i to
- 1 ss ekstra virgin olivenolje
- 1–2 ss hakket Serrano eller jalapeño chile 3/4 ts tørket timian 1/2 ts kosher salt
- 1/2 ts pepper

Veibeskrivelse
a) Forvarm ovnen og pannen. Plasser en 12-tommers ildfast panne eller ildfast form som er stor nok til å holde potetene i et enkelt lag i ovnen, skru varmen til 375 ° F, og varm pannen i 30 minutter.
b) Bland ingrediensene. Mens stekepannen varmes, kombinerer du alle ingrediensene i en bolle.
c) Stek potetene. Ta den oppvarmede stekepannen ut av ovnen og fordel umiddelbart de blandede ingrediensene jevnt. Sett gryten i ovnen og stek potetene i 45 minutter, rør hvert 15. minutt slik at de blir jevnt stekt.

74. Sous Vide Maple Glaserte søtpoteter

Porsjoner: 6

INGREDIENSER:
- 2-1/2 pund søtpoteter, skrellet og kuttet i 1-1/2-tommers biter
- 1/3 kopp ren lønnesirup
- 2 ss smør, smeltet
- 1 ss sitronsaft
- 1/2 ts salt

BRUKSANVISNING:
a) Sett din Anova til 190F/87,7C.
b) Kombiner alle ingrediensene i en vakuumforseglet pose.
c) Senk posen i vannbadet og kok i minst 60 minutter og ikke lenger enn 90 minutter.
d) Ta ut av posen og hell væsken over potetene til servering.

75. Bacon og søtpoteter

SERVERINGER: 4

INGREDIENSER:
- ½ kopp appelsinjuice
- 4 baconskiver, kokt og smuldret
- 4 pund søtpoteter, i skiver
- 3 ss agave nektar
- ½ ts timian, tørket
- ½ ts salvie, knust
- 1 ts karripulver
- En klype havsalt og sort pepper
- 2 ss olivenolje

BRUKSANVISNING:
a) Kombiner søtpotetskiver, appelsinjuice, agavenektar, timian, salvie, karri, havsalt, sort pepper, olivenolje og bacon i instant-gryten.
b) Kok på høy i 10 minutter, dekket.
c) Ha over på frokosttallerkener og server.

76. Gouda blandet potetmos

Gjør: 12

INGREDIENSER:
- Pepper 1/2 ts
- Paprika 1 ts
- Salt 1/2 ts
- Gouda ost (revet) 1 kopp
- 2% melk 1/2 kopp
- Søtpoteter, medium (i terninger og skrelt) 2 Yukon gullpoteter, medium (i terninger og skrellet) 6

BRUKSANVISNING:
a) Plasser søtpoteter og Yukon Gold i en nederlandsk ovn. Tilsett vann for å dekke ingrediensene. Kok dem, og senk deretter varmen.
b) Kok den, men la den stå uten lokk i 10 til 15 minutter til de blir møre. Tøm dem og legg dem tilbake i pannen.
c) Mos potetene og tilsett melken gradvis. Bland inn pepper, salt, paprika og ost.

77. Tofarget bakte søtpoteter

Gjør: 12

INGREDIENSER:
- Salt (delt) 1½ ts
- Fersk gressløk (hakket og delt) 4 ss cheddarost (revet) ¾ kopp 2 % melk 1/3 kopp
- Rømme (delt) 2/3 kopp
- Søtpoteter, middels 6
- Russet poteter, medium 6

BRUKSANVISNING:
a) Forvarm ovnen til 400 grader F. Skrubb søtpotetene og russen; Bruk en gaffel til å stikke hull i dem flere ganger. Legg den i foliekledde panner (15×10×1).

b) Stek i 1 time til 1 time og 10 minutter til de blir møre. Reduser innstillingene til ovnen til 350 grader F.

c) Når det er kjølig nok til å holde i håndtaket, kutt alle russetpotetene en tredjedel fra toppen. Kast alle toppene og lagre de andre.

d) Skrap ut fruktkjøttet og la bare ½ tommer tykke skjell være igjen. Ta en bolle, mos massen, tilsett 1/3 kopp rømme, ¾ teskje salt, 2 ss valg, ost og melk.

e) Hell blandingen av russetpotet inn i halvparten av hvert søtpotetskall og russe.

f) Hell blandingen av søtpotet i en annen halvdel. Sett den tilbake i pannen.

g) Stek i 15 til 20 minutter til den er skikkelig oppvarmet.

78. Chili søtpotet grateng

Gir: 6 porsjoner

INGREDIENSER:
- 2 bokser (10 unse) mild enchiladasaus (2 kopper)
- 1 kopp vann
- 2 store hvitløk
- nellik; hakket og moset til en pasta
- 5 store søtpoteter; (omtrent 3 1/2 lbs)
- 1⅓ kopp grovrevet Monterey Jack-ost; (omtrent 6 unser)

BRUKSANVISNING:
a) Forvarm ovnen til 375F. Smak enchiladasaus, vann og hvitløk i en stor kjele med salt etter smak, rør av og til i 5 minutter.

b) Skrell poteter og skjær på tvers i ⅛-tommers tykke skiver. Legg en fjerdedel av potetene i konsentriske sirkler, overlappende litt i en 3-liters grateng eller grunne bakeboller, og dryss med ⅓ kopp ost. Fortsett å legge gjenværende poteter og ost i lag på samme måte, og avslutt med ost.

c) Hell sausen sakte over potetene, la den sive mellom lagene, og stek gratengsett i en grunne stekepanne (det kan boble over) midt i ovnen i 1 time, eller til potetene er møre.

d) Grateng kan lages 2 dager i forveien og avkjøles, tildekket.

e) Varm opp grateng, tildekket, i ovnen.

SALATER

79. Ruccola og søtpotetsalat

Gjør: 4

INGREDIENSER:
- 1 pund søtpoteter
- 1 kopp valnøtter
- 1 ss olivenolje
- 1 kopp vann
- 1 ss soyasaus
- 3 kopper ruccola

BRUKSANVISNING:
a) Bake poteter ved 400 F til de er møre, fjern og sett til side
b) I en bolle drypps valnøtter med olivenolje og mikrobølgeovn i 2-3 minutter eller til de er ristet
c) Bland alle salatingrediensene i en bolle og bland godt
d) Hell over soyasaus og server

80. Høsthøstsalat

Gir 4 porsjoner

INGREDIENSER:
- 1 pund søtpoteter, skrelt og kuttet i 1/2-tommers terninger
- 1 ss ren lønnesirup
- 1/2 ts dijonsennep
- 1/2 ts salt
- 2 ss eplecidereddik
- 1/3 kopp druekjerneolje
- 1 moden Bosc pære
- 1 skarpt eple med rødt skall, for eksempel Red Delicious, Fuji eller Gala
- 2 selleriribbe, hakket
- 1/2 kopp ristede valnøtter eller pekannøtter
- 1/4 kopp søtede tørkede tranebær
- 2 grønne løk, finhakket

BRUKSANVISNING:

a) I en stor kjele med kokende saltet vann, kok søtpotetene til de er akkurat møre, ca. 20 minutter. Tøm godt, legg i en stor bolle og sett til side.

b) I en separat stor bolle kombinerer du lønnesirup, sennep, salt og eddik. Visp inn oljen til den er godt blandet. Sette til side.

c) Kjern ut pæren og eplet og skjær i 1/2-tommers terninger. Legg dem i bollen med dressingen, og

d) kaste til belegg. Tilsett pære- og epleblandingen til søtpotetene. Tilsett selleri, valnøtter, tranebær og grønn løk. Rør forsiktig for å kombinere og server.

81. Søtpotet Og Brokkoli Med Granatepledressing

Gir 4 til 6 porsjoner

INGREDIENSER:
- 3 søtpoteter, uskrellet
- 2 kopper lett dampede brokkolibuketter
- 3 selleri ribber, kuttet i 1/4-tommers skiver
- 4 grønne løk, finhakket
- 2 ss hakket fersk persille
- 1/4 kopp kremet peanøttsmør
- 1 ts finhakket fersk ingefær
- 1/4 kopp druekjerneolje
- 1/4 kopp fersk sitronsaft
- 1/2 ts sukker
- Salt og nykvernet sort pepper
- 1/4 kopp knuste usaltede ristede peanøtter, til pynt
- 2 ss ferske granateplefrø eller 1/4 kopp søtede tørkede tranebær, til pynt

BRUKSANVISNING:
a) I en stor kjele, ta med søtpotetene og nok vann til å dekke til å koke over høy varme.
b) Reduser varmen til middels og la det småkoke til det er mørt, men fortsatt fast, ca. 30 minutter. Tøm og avkjøl, skrell dem og skjær dem i 1/2-tommers biter og overfør til en stor bolle. Tilsett brokkoli, selleri, grønn løk og persille. Sette til side.
c) I en liten bolle kombinerer du peanøttsmør, ingefær, olje, sitronsaft, sukker og salt og pepper etter smak. Hell dressingen over salaten og bland den forsiktig sammen.
d) Pynt med peanøtter og granateplefrø og server.

82. Collard grønn salat med søtpoteter

Gjør: serverer 6-8

Ingredienser

- 2 lb. søtpoteter, skrelt og kuttet på tvers i 1/2-tommers tykke skiver
- 1/4 kopp pluss 2 ss. rød palmeolje eller vegetabilsk olje
- 1 ss. spisskummen frø
- 1 ss. timianblader
- 2 fedd hvitløk
- Kosher salt og nykvernet sort pepper
- 2 ss. fersk limejuice
- 1 ts. finhakket ingefær
- 1 lb. collard greens, stilker fjernet, blader tynt strimlet (6 kopper)
- 2 oz. geitost, smuldret
- 1/4 kopp ristede, usaltede cashewnøtter, grovhakkede

Veibeskrivelse

a) Forvarm ovnen til 400°. På et bakepapir med rander, sleng søtpotetskivene med 2 ss palmeolje, spisskummen, timian og hvitløk. Smak til med salt og pepper og stek søtpotetene, vend en gang halvveis i kokingen, til de er gyldenbrune, ca. 40 minutter. Ha potetene over på en rist og avkjøl.

b) I mellomtiden, i en liten bolle, kombinere limejuice og ingefær og la stå i 10 minutter for å myke. Visp inn den resterende 1/4 koppen palmeolje til den er emulgert og krydre deretter vinaigretten med salt og pepper.

c) For å servere, legg grønnkålen i en stor bolle og bland med 1 ss dressing, masser den inn i grønnsakene i ca. 5 minutter. Overfør grønnsakene til et serveringsfat, topp med søtpotetene og dryss over geitosten og cashewnøtter.

d) Server med resten av dressingen ved siden av.

83. Søtpotetsalat med mandler

Gjør: 6

INGREDIENSER:
- 3 pund søtpoteter, skrelt og kuttet i ¾-tommers biter
- 6 ss ekstra virgin olivenolje, delt
- 2 ts bordsalt
- 3 løk, skåret i tynne skiver
- 3 ss limejuice (2 lime)
- 1 jalapeño chile, stilket, frøet og hakket
- 1 ts malt spisskummen
- 1 ts røkt paprika
- 1 ts pepper
- 1 fedd hvitløk, finhakket
- ½ ts malt allehånde
- ½ kopp friske korianderblader og stilker, grovhakket
- ½ kopp hele mandler, ristet og hakket

BRUKSANVISNING:
a) Juster ovnsristen til midtposisjon og varm ovnen til 450 grader. Kast poteter med 2 ss olje og salt, overfør deretter til bakepapirkantet ark og fordel i et jevnt lag. Stek til potetene er møre og så vidt begynner å bli brune, 30 til 40 minutter, mens du rører halvveis gjennom stekingen. La potetene avkjøles i 30 minutter.

b) I mellomtiden kombinerer du løkløk, limejuice, jalapeño, spisskummen, paprika, pepper, hvitløk, allehånde og resterende ¼ kopp olje i en stor bolle. Tilsett koriander, mandler og poteter og bland for å kombinere. Tjene.

84. Quinoa mango salat med potetmos

Gjør: 3

INGREDIENSER:
1. 1 kopp quinoa (hirse)
2. 1 kopp reddiker
3. 2 ss olivenolje
4. 2 ts salt
5. 1 ts sort pepper
6. Noen grønnkålblader
7. ½ kopp cashewnøtter
8. 5 mango i skiver
9. 2 søtpoteter, i terninger
10. 1 ss sitronsaft
11. 3 fedd hvitløk, knust
12. ¼ avokado i terninger

BRUKSANVISNING:
a) Still inn instant-gryten til røre-innstillingen
b) Hell i olivenolje og hvitløk
c) Rør i ca 2 minutter
d) Tilsett quinoaen og fortsett å røre i 5 minutter
e) Tilsett grønnkål og reddiker, og stek i ytterligere 3 minutter
f) Fjern dette fra instantgryten og legg dem i serveringsfat
g) Ha vann i instant-gryten
h) Tilsett poteter, salt, sitronsaft og sort pepper
i) Dekk til instant-gryten og kok poteter i 5 minutter
j) Knus potetene og tilsett avokado og mango
k) Server med den wokde grønnkålen
l) Sørg for å være kreativ med serveringsmetoden din

85. Grillet trepotetsalat

Gjør: 6

INGREDIENSER:
- Pepper 1/4 ts
- Selleri frø 1/2 ts
- Salt 1 ts
- Dijonsennep 1 ss
- Hvitvinseddik 3 ss
- Canolaolje 1/4 kopp
- Grønn løk (tynne skiver) 1/ kopp
- Søtpotet, medium (skrelt) 1
- Røde poteter 1 ¾ kopp
- Yukon gullpoteter 1 ¾ kopp

BRUKSANVISNING:

a) Plasser søtpoteten og potetene i en nederlandsk ovn; dekk til og la det småkoke i 15 til 20 minutter til de blir møre.

b) Tøm blandingen og avkjøl den. Skjær den i biter på 1 tomme hver.

c) Legg blandingen av poteter i en kurv eller en grillwok. Grill den i 10 til 12 minutter over middels varme til den blir brun. Rør med jevne mellomrom.

d) Overfør blandingen til en stor salatskål; tilsett løken.

e) Pisk pepper, sellerifrø, salt, sennep, eddik og olje.

f) Drypp over blandingen av poteter og vend godt for å dekke ordentlig.

g) Server den i romtemperatur eller bare varm.

86. Stekt søtpotet og prosciutto salat

Gjør: 8

INGREDIENSER:
- Honning 1 teskje
- Sitronsaft 1 ss
- Grønn løk (delt og i skiver) 2
- Søt rød pepper (finhakket) 1/4 kopp
- Pecannøtter (hakkede og ristede) 1/3 kopp
- Reddiker (skiver) 1/2 kopp
- Prosciutto (tynne skiver og skåret i julien) 1/2 kopp
- Pepper 1/8 ts
- 1/2 ts salt (delt)
- 4 ss olivenolje (delt)
- 3 søtpoteter, medium (skrelles og kuttes i 1-tommers)

BRUKSANVISNING:
a) Forvarm ovnen til 400 grader F. Legg søtpotetene i en smurt ildfast form (15x10x1 tommer).
b) Drypp 2 ss olje og dryss 1/4 ts salt og pepper og sleng dem skikkelig. Stek i en halvtime, og fortsatt med jevne mellomrom.
c) Dryss litt prosciutto over søtpotetene og stek den i 10 til 15 minutter til søtpotetene er møre og prosciuttoen er blitt sprø.
d) Ha blandingen over i en stor bolle og la den avkjøles litt.
e) Tilsett halvparten av den grønne løken, rød pepper, pecannøtter og reddiker. Ta en liten bolle, visp saltet, den resterende oljen, honning og sitronsaft til det er godt blandet.
f) Drypp det over salaten; sleng skikkelig for å kombinere. Dryss med de resterende grønne løkene.

87. Stekt grønnsak og Polenta salat

Gir: 4 porsjoner

Ingredienser
- 2 mellomstore søtpoteter, kuttet i 3/4-tommers biter
- 1 lite hode brokkoli, buketter og stilker hakket
- 1 liten rødløk, kuttet i 3/4-tommers kiler
- 1 kopp kirsebær- eller druetomater
- 5 ss ekstra virgin olivenolje
- Kosher salt og nykvernet pepper
- 2 ss hvitvinseddik
- 1 18-unse rør forberedt polenta
- 12 store salvieblader
- 1 5-unse pakke blandet babysalatgrønt
- 2 gram geitost

BRUKSANVISNING:

a) Plasser et bakepapir med rander midt i ovnen og forvarm til 450° F. Kombiner søtpoteter, brokkoli, rødløk og tomater i en bolle. Tilsett 2 ss olivenolje, 3/4 ts salt og en sjenerøs mengde pepper; kaste godt. Spre ut på den varme pannen og stek, rør en eller to ganger, til grønnsakene er brune, 25 til 30 minutter. Drypp med 1 ss eddik, skrap opp eventuelle fastsittende biter fra bunnen av pannen.

b) I mellomtiden kutt polentaen i 1 1/2-tommers biter (ca. 24). Varm ytterligere 2 ss olivenolje i en stor stekepanne over middels høy varme. Tilsett salviebladene og kok til de er sprø, 1 til 2 minutter. Overfør til et papirhåndkle for å renne av. Legg polentabitene til den gjenværende oljen i pannen; smak til med salt og pepper. Kok, snu av og til, til polentabitene lett løsner fra pannen og er gylne og sprø, 15 til 20 minutter.

c) Kast salatgrønnsakene med de resterende 1 ss hver olivenolje og eddik og en klype salt og pepper. Fordel mellom grunne boller. Topp jevnt med de varme ristede grønnsakene og polentaen sammen med eventuell ekstra olivenolje fra pannen. Del geitosten i biter og dryss over salaten. Riv den stekte salvie og dryss på toppen.

88. Stekt søtpotet og ferske fiken

SERVER 4
INGREDIENSER
- 4 små søtpoteter (2¼ lb / 1 kg totalt)
- 5 ss olivenolje
- 3 ss / 40 ml balsamicoeddik (du kan bruke en kommersiell i stedet for en premium-lagret klasse)
- 1½ ss / 20 g superfint sukker
- 12 grønne løk, halvert på langs og kuttet i 1½-in / 4 cm segmenter
- 1 rød chili, i tynne skiver
- 6 modne fiken (8½ oz / 240 g totalt), delt i kvarte
- 5 oz / 150 g myk geitost (valgfritt)
- Maldon havsalt og nykvernet sort pepper

BRUKSANVISNING

a) Forvarm ovnen til 475°F / 240°C.

b) Vask søtpotetene, halver dem på langs, og skjær deretter hver halvdel igjen på samme måte i 3 lange skiver. Bland med 3 ss olivenolje, 2 ts salt og litt sort pepper. Fordel kilene utover med skinnsiden ned på en bakeplate og stek i ca 25 minutter, til de er myke, men ikke grøtete. Ta ut av ovnen og la den avkjøles.

c) For å gjøre balsamicoreduksjonen, legg balsamicoeddik og sukker i en liten kjele. Kok opp, reduser deretter varmen og la det småkoke i 2 til 4 minutter, til det tykner. Pass på å fjerne kjelen fra varmen når eddiken fortsatt er renere enn honning; den vil fortsette å tykne mens den avkjøles. Rør inn en dråpe vann før servering hvis den blir for tykk til å dryppe.

d) Anrett søtpotetene på et serveringsfat. Varm opp den gjenværende oljen i en middels gryte over middels varme og tilsett grønnløk og chili. Stek i 4 til 5 minutter, rør ofte for å sikre at du ikke brenner chilien. Hell olje, løk og chili over søtpotetene. Prikk fikenene mellom kilene og ringle deretter over balsamicoreduksjonen. Server ved romtemperatur. Smuldre osten over toppen, hvis du bruker.

89. Cæsarsalat med BBQ søtpotetkrutonger

Gjør: 2

INGREDIENSER:
SALAT
- 1 parti BBQ-stekte søtpotetkrutonger
- 1 kopp gulrøtter, strimlet
- 2 hoder romansalathjerter, skyllet, tørket, grovhakket
- 2 ss næringsgjær
- 1 kopp grovhakket persille

PÅKLEDNING
- 1/2 kopp vanlig hummus
- 4 fedd hvitløk, finhakket
- 1 1/2 ts krydret sennep
- 2 ss sitronsaft
- 2 ts lønnesirup
- 1 ts grønnsaksbuljong
- 2 ts kapers, hakket
- 2 ts kapers saltlake juice
- 1/2 ts sitronskall

1 sunn klype havsalt

BRUKSANVISNING:

a) Tilbered dressingen i en miksebolle. Bare kombiner hummus, hvitløk, krydret sennep, sitronskall og -saft, kapers, lønnesirup, saltlakejuice, salt og pepper.

b) Rør for å kombinere og tilsett litt vann for å tynne konsistensen og gjøre det lettere å helle. Pisk blandingen til den er kremaktig og jevn.

c) Smak til med salt og pepper, sitronskall for livlig sitrussmak, juice for syrlighet, hvitløk for zing-smaken, kapers for den sjøaktige smaken, sennep for krydder, lønnesirup for sødme og grønnsaksbuljong.

d) Forbered de resterende ingrediensene, som bør inkludere romainesalat, persille og strimlede gulrøtter. Overfør deretter alt til en serveringsbolle og topp med søtpoteter og næringsgjær, om ønskelig.

e) Bland inn dressingen for å dekke alt i smak. Server og nyt!

90. Søtpotet og avokado grønn salat

Gjør: 1

INGREDIENSER:
- Søtpotet
- 1 stor økologisk søtpotet
- 1 ss grønnsaksbuljong
- 1 klype havsalt
- Påkledning
- 1/4 kopp tahini
- 1 ss lønnesirup
- 2 ss sitronsaft
- 1 klype havsalt
- Vann, for å tynne
- Salat
- 1 middels moden avokado, i terninger
- 5 kopper grønt valgfritt
- 2 ss hampfrø

BRUKSANVISNING:
a) Forvarm ovnen til 375 °F. Forbered en stekeplate med bakepapir.
b) Tilsett søtpoteter, og bland deretter med litt grønnsaksbuljong og salt. Fordel potetene i et jevnt lag.
c) Stek i 15 minutter, bla gjennom for å sikre jevn steking. Stek i ytterligere 5-10 minutter, eller til potetene er møre og gyllenbrune.
d) Bruk en miksebolle til å kombinere tahini, lønnesirup, sitronsaft og salt. Visp for å kombinere, og tilsett deretter litt vann om gangen til du har en halvtykk konsistens.
e) Smak og juster smaken avhengig av dine preferanser. Sette til side.
f) Sett sammen salaten i en serveringsbolle ved å legge grønt på lag og topp med avokado og stekt søtpotet.
g) Server med dressing og strø hampfrø som et alternativ.

DESSERT

91. Kyllingpai med søtpoteter

Gir: 5 porsjoner

INGREDIENSER:
- 1 hel kyllingpuck
- 3 store søtpoteter
- 2 løk
- 4 fedd hvitløk
- ½ kopp tomatsaus
- 1 kopp kokt grønn bananpuré
- 1 ss smult
- 1 kopp melk
- Salt, sort pepper og cayenne, paprika, muskat, spisskummen, karri

BRUKSANVISNING:
a) Kok først kyllingbrystet i vann. Tilbered den i trykkokeren og la stå i 20 minutter siden gryten koker.
b) Kok kyllingen, tilbereder søtpotetene i vann for å lage puréen.
c) Lag steppepotetmosen med smøret og legg i melken for å få den konsistensen du liker. Smak til med salt, sort pepper og muskatnøtt.
d) Nå som kyllingen er avkjølt, kan du knuse alt ørsmå.
e) Brun løken i en kjele med minimum olje. Tilsett hvitløken, tomatsausen og kyllingen. Bland godt, hvis dette medium tørre tilsetter litt vann. Sett krydder: salt, sort pepper og cayenne, spisskummen, karri. Prøv å se om det faller i smak.
f) Hvis du allerede liker hvordan det var flott. Men hvis du vil ha en mer kremet konsistens, er den grønne bananpureen ideell, hvis ikke er et alternativ å bruke melken med maisenna.
g) For å sette sammen retten legger du ned den sauterte kyllingen og topper med potetmosen. Sett i ovnen under 180°C i 20 minutter.

92. Kokos søtpotetpudding

KJØKKEN: KENYANSK

Ingredienser(serverer 6)
- 1 kopp ferskmalt kokosnøtt
- ½ kopp søtpotet, kokt eller mos
- egg
- ¾ kopp sukker
- ¾ kopp melk
- ½ kopp vann
- 4 ss smeltet smør
- ½ ts blandede krydder
- ½ ts kanel

BRUKSANVISNING:

a) Bland sukker, søtpoteter og kokos sammen med skje til en jevn masse. Tilsett smør, melk, vann og pisk godt. Pisk eggenelitt, og pisk deretter blandingen gradvis inn.

b) Tilsett krydder og kanel. Fortsett å piske til det er kremaktig og veldig glatt. Hell blandingen i en smurt form og stek i 30 minutter i varm ovn, til den er gyldenbrun. Du kan servere den varm eller kald.

93. Søtpotetpai bagatell

Gir: 16 porsjoner

INGREDIENSER:
- 1 pecan pai
- 1 søtpotetpai eller gresskarpai
- 2 ½ kopper kremfløte
- 2 kopper smør pecan iskrem
- 1 kopp karamellsaus

BRUKSANVISNING:
a) På bunnen starter jeg med søtpotetpai og -skorpe som vil hjelpe den å holde seg solid.
b) Neste lag med litt is og deretter pisket krem. Du kan legge litt karamell på toppen av kremfløten hvis du ønsker det.
c) Deretter legger jeg lagvis med pecan pie-bitene.
d) Gjenta deretter med iskrem, og pisket krem, og topp med karamell og pekannøtter.

94. Søtpotetpai Tiramisu

Gir: 16 porsjoner

INGREDIENSER
- 8 gram mascarponeost, myknet
- ½ kopp granulert sukker pluss en spiseskje adskilt
- ⅓ kopp brunt sukker pakket
- 15 gram søtpotet i sirup, drenert og moset
- ½ ts malt kanel pluss mer til pynt
- ¼ ts malt muskatnøtt
- 2 ss ren vaniljeekstrakt separert
- 2 ½ kopper fersk pisket krem adskilt
- ¼ kopp varm kaffe
- 17,5 gram ladyfingers
- 6 gingersnaps smuldret

BRUKSANVISNING
FOR Å LAGE FYLLING:

a) Tilsett mascarponeost og ½ kopp perlesukker og alt brunt sukker i en mikser og pisk til en jevn masse.

b) Tilsett deretter søtpotetmos, kanel, muskat og 1 ss vaniljeekstrakt og pisk til det er godt innlemmet.

c) Vend til slutt 1 ½ kopper kremfløte inn i søtpotetblandingen og sett til side.

FOR Å MONTERE TIRAMISUEN:

d) Tilsett den resterende teskjeen med vaniljeekstrakt i en bolle med kaffe og rør sammen.

e) Ordne en hel rad med ladyfingers i bunnen av en 9-tommers springform.

f) Hell ½ av den varme kaffeblandingen over ladyfingers for å bløtlegge dem.

g) Ta deretter halvparten av søtpotetblandingen og jevn over toppen av ladyfingers.

h) Lag deretter et nytt lag ved å gjenta alle trinnene, begynn med å legge til en ny rad med ladyfingers, hell kaffesaus på ladyfingers, og til slutt tilsett resten av søtpotetblandingen.

i) Til slutt tar du den resterende 1 koppen kremfløte og visp inn den resterende spiseskjeen med granulert sukker, og fordel over toppen av tiramisuen.

j) Pynt toppen av tiramisuen med smuldrede gingersnaps over pisket topping og litt malt kanel.

k) Sett springformen i kjøleskapet i minst 4 timer før servering.

95. Kirsebær-søtpotetbrød

Gir: 1 porsjoner

INGREDIENSER:
- 1¾ kopp mel
- 1 ts natron
- 1 ts kanel
- 3 egg
- ½ kopp melk
- ½ kopp mars; kirsebær
- 1 boks (15 unse) søtpotet; (eller yams) drenert
- ¼ kopp hakkede pekannøtter eller valnøtter
- 1½ kopp sukker
- ¼ teskje salt
- 1 ts gresskarkrydder
- ¾ kopp vegetabilsk olje
- ¼ kopp rosiner
- 1 ts Vanilje

BRUKSANVISNING:
a) Kombiner og bland mel, sukker, salt, brus, kanel, gresskarkrydder godt. Tilsett egg, olje og melk under omrøring til en jevn masse.
b) Bland inn søtpoteter, rosiner, nøtter, kirsebær og vanilje.
c) Hell i godt smurt brødform som er lett melet. Stek ca. 1 time ved 325 grader (sjekk ved 50 minutter), kontroller ved å sette inn en tester for å være sikker på at den er ferdig. Testeren kommer ren ut.

96. Tranebær søtpotetmuffins

Gir: 12 porsjoner

INGREDIENSER:
- 1½ kopp mel
- ½ kopp sukker
- 2 ts bakepulver
- ¾ teskje salt
- ½ ts kanel
- ½ ts Muskatnøtt
- 1 stort egg
- ½ kopp melk
- ½ kopp søtpoteter; moset
- ¼ kopp Margarin; smeltet
- 1 kopp tranebær

BRUKSANVISNING:

a) Kombiner tørre ingredienser. Rør sammen de våte ingrediensene til det tørre og rør bare til det er fuktet. Brett inn tranebær.

b) Fyll 12 papirkledde muffinskopper omtrent ⅔ fulle. Dryss over kanelsukker, om ønskelig.

c) Stek ved 375F i 18-22 minutter. Fjern fra pannen for å avkjøle.

97. Revet søtpotetpudding

Gjør: 1 porsjon

INGREDIENSER:
- 4 kopper revet søtpotet
- 1 kopp rørsirup
- ½ kopp sukker
- 1 kopp melk
- ½ kopp smør
- 3 egg
- ½ kopp hakkede nøtter
- 1 kopp rosiner
- 1 ts kanel
- 1 ts allehånde
- ½ ts nellik

BRUKSANVISNING:

a) Smelt smør i en tung, ovnsfast panne. Bland alle ingrediensene sammen.

b) Hell blandingen i den varme pannen med smør, rør til den er varm.

c) Sett pannen i ovnen på 350 grader og stek.

d) Når det er skorpe rundt kant og topp, snu under og la skorpen dannes igjen. Gjør dette to ganger, la den siste forbli på sidene og toppen, ca 40 minutter.

e) Server med søtet krem eller is.

DRIKKER

98. Eplepaijuice

Gir: 2 porsjoner

INGREDIENSER:
- 1 søtpotet
- ¼ teskje gresskarpaikrydder
- 2 epler
- 2 gulrøtter
- 2 appelsiner

BRUKSANVISNING:

a) Kjern eplene. Ta skallet av søtpotet og appelsiner. Skjær gulrøttene.

b) Ha dem i juicepressen sammen med gresskarpaikrydder.

c) Juice alle ingrediensene og hell juicen i et par glass.

99. Søtpotetpai-proteinshake

Ingredienser
- 2 skjeer vaniljeproteinpulver
- 6 oz. mandel-melk
- ½ kopp søtpotet (allerede bakt, uten skinn)
- 1-5 dråper vaniljeekstrakt
- 4 oz. vann (mer for en tynnere shake, mindre for en tykkere shake)
- Knust is
- Gresskarpai Krydder etter smak

Veibeskrivelse
a) Ha alle ingrediensene i en blender i 30-60 sekunder.

100. **Søtpotetshake**

Ingredienser
- 1 søtpotet, kokt og skrelt
- ½ ts kanel
- 1/2 kopp strimlede mandler
- 2 skjeer myseprotein (hvilken som helst smak)
- 16 oz. helmelk

Veibeskrivelse
a) Ha alle ingrediensene i en blender i 30-60 sekunder.

KONKLUSJON

Prøv disse søtpotetoppskriftene og vinn hjertene til alle familiemedlemmene dine. Det er garantert at de alle vil prise matlagingsferdighetene dine ettersom du vil servere dem så deilig og saftig mat. Du kan følge denne enkle kokeboken hvis du bare prøver oppskriften eller selv om du lærer en spesifikk oppskrift. Server disse rettene på en sammenkomst eller bare hjemme hos deg; det vil alltid være verdt det, og du vil aldri angre på å lage noen av disse oppskriftene.

Ved å følge trinnene som anvist, håper vi at du finner svarene på spørsmålet ditt, da vi prøvde vårt beste for å hjelpe deg gjennom alle de måtene vi kunne. Vi ser frem til at du lager disse oppskriftene til dine venner og venner. Hvis du er nybegynner eller proff, vil denne kokeboken alltid være til hjelp, og instruksjonene til hver oppskrift vil gjøre det enkelt for deg å følge.

Her er å håpe at du har et lykkelig og sunt liv.

Ingram Content Group UK Ltd.
Milton Keynes UK
UKHW021149220623
423869UK00009B/51